LES FRANÇAIS

à la recherche d'une

Société des Nations

DEPUIS LE ROI HENRI IV
JUSQU'AUX COMBATTANTS DE 1914.

TEXTES CHOISIS
ET MIS EN ORDRE

SE VEND A PARIS
21, RUE VISCONTI (VIe)

MCMXX

Prix : 6 f

LES FRANÇAIS

à la recherche d'une

Société des Nations

DEPUIS LE ROI HENRI IV
JUSQU'AUX COMBATTANTS DE 1914.

—

**TEXTES CHOISIS
ET MIS EN ORDRE**

PARIS

AUX BUREAUX DE LA

« CIVILISATION FRANÇAISE »

21, rue Visconti, 21

—

MCMXX

AVANT-PROPOS

—

Les fragments recueillis ci-après se sont rencontrés et rejoints comme d'eux-mêmes dans la mémoire d'un simple liseur, point érudit, dont le nom importe peu.

Deux textes seulement furent apportés par d'autres : en tête de la première série, trois pages du Nouveau Cynée (1623), livre rare que nous ont signalé le chef et l'un des conservateurs du département des Imprimés à la Bibliothèque nationale; — dans la seconde série, l'extrait remarquable de Victor Considérant, fourni par M. Bouglé. J'ai dit tous nos auxiliaires, ils sont trois; et voilà ce qui est dû à chacun.

Si nous avions été aidés davantage, ce petit recueil serait moins incomplet. On eût déniché sans doute bien d'autres paroles prophétiques, par exemple chez les réfugiés de Hollande au XVIIᵉ siècle; chez les francs-maçons au XVIIIᵉ; chez les Saint-Simoniens et les Comtistes au XIXᵉ. Nous n'avons fait d'emprunt qu'aux auteurs fameux, de qui la pensée rayonne encore.

C'est assez pour établir que l'idée d'une SOCIÉTÉ DE NATIONS n'est pas en France une nouveauté exotique.

Quand la petite publication que voici fut imaginée, en 1918, le président Woodrow Wilson, avec sa « Société » ou « Ligue » des Nations, était acclamé comme en inventeur, ou mieux, comme un Messie, ouvrant une « ère » pour l'humanité. Ce que voyant, il nous parut à propos de rappeler que d'autres, chez nous, avaient formulé déjà cette Bonne-Nouvelle qui nous revenait d'outre-mer. Ce n'était pas une apocalypse. Tandis que les puritains, premiers colons de la Nouvelle-Angleterre, (dont le christianisme législateur procède du français Calvin) ont inculqué à leur descendant Wilson, comme une révélation divine, la doctrine des Pactes, avec cette idée d'une Société de Nations qui en est le développement, il s'est trouvé que des Français, en raisonnant, avaient de leur côté tiré d'un fonds simplement humain, volonté de paix, dégoût du despotisme, amour de l'égalité, cette même idée : coïncidence émouvante de la raison laïque et de l'inspiration chrétienne. Démontrer cette coïncidence, c'était assigner à l'effort conjugué des Américains, des Anglais et des Français pour mettre fin aux guerres, une base dans l'expérience intime de chacun. Aussi bien telle était, en 1918, notre arrière-pensée.

Deux ans ont passé. Plus n'est besoin de ramener le Messie de naguère à ses proportions réelles : un très brave homme, logicien candide, qui n'a pas inventé la justice, mais qui la veut et ne mesure pas les difficultés ; d'ailleurs incapable de coopérer, parce qu'il n'imagine pas les autres. A cette heure, il faut le soutenir. Contre lui, les plus obtus des nationalistes, pour qui la justice n'est qu'un mot, osent triompher de tous les mécomptes qui retardent l'accomplissement de son grand dessein. Mais ces obstacles où il bute mesurent justement le besoin qu'il y en a; ces obstacles tiennent au vieux système d' « égoïsme sacré » et de « politique d'expansion » quand même, qui vient d'être condamné par les faits. L'utopiste (et point inoffensif), c'est, bien plutôt que Wilson, le Napoléon de 1810 ou le Guillaume II de 1914. Que proposent donc, pour en finir avec l'utopie des conquérants, ceux qui persiflent l'utopie des pacificateurs ? Wilson, il est vrai, s'est trompé en croyant facile et réalisable prochainement une fédération des États civilisés; non certes en la désignant comme le but. Laissons donc l'homme, et tenons ferme l'idée.

Le présent recueil fait voir qu'il ne l'a pas inventée. Depuis trois siècles au moins, beaucoup d'Européens travaillent à la dégager. Ce fut d'abord par une opposition réfléchie à la fureur de conquête et pour barrer le chemin à l'autre utopie, celle de la domination universelle, d'un Charles Quint (Erasme, Vivès, Rabelais); — d'un Louis XIV (Leibniz, l'abbé de Saint-

Pierre); — d'un Napoléon (Henri Saint-Simon et Augustin Thierry; les positivistes); — enfin à la folie d'un peuple entier qui, naguère, a prétendu absorber le monde (Wilson et nous). Les guerriers ont si bien fait que la Société des Nations *a mûri vite dans les esprits.*

Assurément les promoteurs n'en sont pas tous français; et parmi les Français, il ne se trouve pas d'aussi grands cerveaux peut-être que Leibniz ou Kant. Mais, outre que la France a été sans cesse foulée par la guerre, les Français sont une espèce d'hommes particulièrement éducable, et chez eux l'idée engrène promptement sur le vouloir; aussi la nécessité de faire aboutir une Société des Nations *est-elle envisagée, par les Français qui réfléchissent, avec plus de sérieux qu'ailleurs.*

Déjà anciennement, le souci de mettre en échec les prétentions insolentes de la Maison d'Autriche est cause que nous parûmes, contre elle, les tuteurs des franchises de l'Europe. Quand l'ambition d'hégémonie sembla passer d'Espagne en France avec Louis XIV, l'idée d'une assurance mutuelle des Nations changea de camp, naturellement. Aucun texte français ne figure dans notre recueil, entre le Prince, *de Balzac et l'*Examen de conscience sur les devoirs de la Royauté, *de Fénelon. Mais au XVIII° siècle, lorsque la malheureuse expérience de la monarchie envahissante de Louis XIV eut été analysée, et que la science politique se fonda, en grande partie sur le désabusement de cette erreur, la*

Société des Nations *hanta de nouveau les Français. De même, après l'éclipse qui correspond à l'impérialisme de Bonaparte, l'idée redevint nette au XIXe siècle, elle se précisa.*

Au XXe (qui commence) notre indépendance péniblement sauvée nous paraît mal abritée par les vieux et dangereux moyens. Elle ne sera garantie qu'à condition que celle des autres le soit également, par une entr'aide permanente et organisée. Nous ne serons point conquis désormais, si nous renonçons une bonne fois à être conquérants. Les Français capables de prévoir ont pris leur parti. Une fédération des nations d'Occident gagnant de proche en proche, et où nos ennemis d'hier seront aussi absorbés, mais volontairement, c'est la victoire qu'à présent nous cherchons, avec pa... nce et confiance.

Ce qui est proprement français dans la manière dont cette idée raisonnable s'est peu à peu dégagée, depuis Henri IV jusqu'aux combattants de 1914, le voici :

1° Elle n'a pour nous autres rien de sacré; elle n'est pas objet de foi, d'enthousiasme, ni de superstition, mais objet de recherche. Il faut, pour y acquiescer, avoir réfléchi sur l'histoire, et ne s'y asservir pas; car c'est quelque chose que tout le passé, de plus en plus irrésistiblement, somme d'essayer, mais dont il n'offre pas d'exemple. On y arrive, peut-on dire, malgré soi, en surmontant des répugnances, de sorte qu'on s'y dévoue avec sang-froid.

II° Ce n'est pas l'œuvre d'un auteur, de l'abbé de Saint-Pierre, ni de Rousseau, ni de Saint-Simon, ni de Victor Hugo, ni de M. Léon Bourgeois; ce n'est pas une idée spécialement romantique, ni spécialement positiviste : tous y ont travaillé, génération après génération.

III° Et comment cela ? Souvent en niant l'idée, en la raillant (comme Voltaire l'a fait), ce qui l'a forcée heureusement à se purger de chimérique. Voilà bien un des caractères de la France : les négateurs et les plaisants concourent à solidifier ce qu'ils secouent. En même temps que surgit un utopiste, il naît trois ou quatre moqueurs qui trouveront le faible de son utopie. Et ainsi ce peuple composite, si on le prend d'ensemble, est un bon critique de soi. Capable de voir et la beauté de la chose et les difficultés de la chose, il la met au point.

IV° Mais la contribution spéciale des Français, dans l'élaboration d'une grande réforme politique, est qu'ils se refusent constamment à admettre qu'elle ait son principe ailleurs qae dans une réforme de l'homme même, par l'éducation, par une conversion de la volonté. Que ce soit Nicole au XVII° siècle, Renouvier au XIX°, Albert Thierry au XX°, un Français qui pense est toujours là pour rappeler aux visionnaires de la paix des peuples que si la paix n'est pas d'abord dans le vœu intime de l'individu, nulle institution ne la procurera. Appliquez-vous donc à former des hommes justes.

PREMIÈRE SÉRIE

—

JUSQU'A LA RÉVOLUTION
FRANÇAISE

I

AU XVIIe SIÈCLE,

LE PEUPLE FRANÇAIS ABOMINE

LA PRÉTENTION DE LA MAISON D'AUTRICHE A LA

« MONARCHIE UNIVERSELLE »,

ET LE « MAGNIFIQUE DESSEIN » PRÊTÉ A HENRI IV

CHERCHE A DRESSER CONTRE ELLE

UNE RÉPUBLIQUE GÉNÉRALE

DE LA CHRÉTIENTÉ.

ÉMERIC CRUCÉ — SULLY — GUEZ DE BALZAC
FÉNELON

———

ÉMERIC CRUCÉ

(1623)

—

Le Nouveau Cynée ou *Discours d'Estat representant les occasions & moyens d'establir une paix generalle, & la liberté du commerce par tout le monde. Avx Monarqves et Princes souuerains de ce temps, Em. (eric) Cr (ucé) Par (isien).* — A Paris, chez Jacques Villery, au Palais, Sur le perron Royal. m. dc. xxiii, avec privilege du Roy. Pet. in-8° de 22? p. numérotées, plus la préface et la table. *(Bibl. Nat.* Invent. Eˣ 2.220); éd. ici reproduite.

Le titre se réfère à l'ancien Cynée (ou Cynéas) qui avait tenté de détourner Pyrrhus de ses entreprises de conquête. L'on manque de données sur l'auteur, probablement fils de l'auteur d'un pamphlet ligueur : Dialogue du Maheutre et du Manant. *On a de lui d'autres écrits, également rares :* Adonia (1613) ; — Gesta Ludovici Justi (1643). *Il était mort en 1648.*

Extraits :

De la Préface :

Il faut avant toute chose desraciner le vice le plus commun et qui est la source de tous les autres, à sçavoir l'inhumanité...

La paix est un subject trivial, je le confesse, mais on ne la pourchasse qu'à demy. Quelques uns y exhortent les Princes Chrestiens, afin que par leur union ils se fortifient contre leur ennefuy commun : et mesmes un fameux personnage a monstré les moyens d'exterminer les Turcs dans quatre ans ou environ, et plusieurs autres belles conceptions qui sont fort aysées à mettre par escrit. Il y en a qui limitent encore plus leur stile, ils donnent des inventions pour policer et enrichir leur pays, et se soucient si peu des estrangers, qu'ils estiment une prudence politique de semer parmy eux des divisions, afin de jouyr d'un repos plus asseuré. Mais je suis bien d'un autre advis, et me semble, quand on voit brusler ou tomber la maison de son voisin qu'on a subjet de crainte, autant que de compassion, veu que la société humaine est un corps, dont tous les membres ont une sympathie, de manière qu'il est impossible que les maladies de l'un ne se communiquent aux autres. Or ce petit livre contient une police universelle, utile indifféremment à toutes nations, et aggréable à ceux qui ont quelque lumière de raison, et sentiment d'humanité.

De l'ouvrage (p. 69) :

...Il ne faut point dire que la raison est au bout de l'espée. Ceste rodomontade appartient aux sauvages. Les anciens Gaulois s'en sont mal trouvez, quand ils respondirent aux ambassadeurs romains que tout estoit aux plus forts.

L'issuë funeste de leur entreprise, monstre bien que ceux qui rebutent la raison pour maistresse, tombent finalement en la puissance de leurs ennemis, qui les maistrisent bien autrement, et leur font sentir, que c'est de s'asseurer en telles bravades. Il semble qu'un Monarque quel qui soit, ne doibt faire difficulté de subir le jugement de tant de souverains, non seulement pour ce subjet, mais aussi pour tout autre différent qu'il pourroit avoir à demesler avec ses semblables Et si les opinions de l'assemblee des Princes où leurs deputez se trouvaient, my parties, et en égale balance, comme il peut arriver, les deputez des Républiques qui auroient voix deliberative pourroient alors estre appellez, afin de terminer le debat par le contrepoids de leurs suffrages.

(p. 81) :

Il u'est plus temps de s'imaginer des trophées. Il faut quitter ces meurs barbares, et monstrer au peuple le chemin d'humanité et vray honneur, afin qu'on ne vive plus d'une façon brutale. Il faut faire regner la raison et justice, et non pas la violence, qui ne convient qu'aux bestes. On a esté par le passé prodigue de la vie des hommes. On a veu un deluge universel de leur sang, capable d'empourprer la mer et la terre. Baste. C'estoit une saignée nécessaire pour purger le monde de ses humeurs

vitieuses ou superfluës, et Dieu se vouloit servir
de ce moyen pour establir les Monarchies. Maintenant qu'elles sont appuyées sur les pilotis d'une
longue possession, il ne les faut esbranler, mais
plustost les affermir par une bonne paix.

SULLY

(1560 - 1641)

—

Mémoires ou Œconomies royales d'Estat, domestiques, politiques et militaires de Henry le Grand, par Maximilian de Bethune duc de Sully — tome quatriesme. — A Paris, chez Augustin Courbé. MDCLXII — In-folio. — Ed. originale, ici reproduite.

Lettre de Monsieur de Sully au Roy, de laquelle l'on a trouvé les broüillards parmy ses papiers.

Extraits :

...Sans parler des histoires fort antiques, ny mesme d'aucunes autres que de celles de France, je diray que les Princes d'icelle en toutes leurs guerres soient estrangeres, soient civiles, soit qu'ils ayent esté agresseurs ou sur la deffensive, il ne s'est point veu que de leurs peines, travaux et labeurs, ny de tous leurs combats, victoires et conquestes, il soit jamais reüssi autre chose par la conclusion des affaires en un accord, que ruines, miseres, calamitez, mortalitez, despenses excessives, pauvretez, necessitez, et accroissement d'ennuis, pour les uns et les autres, mais surtout pour les

pauvres peuples et sujets qui patissent tousjours
des impertinences de leurs Princes..., jusques en
l'an 1598, (1) que vostre Majesté ayant acquis la Paix
à son Royaume et à ses peuples, prit résolution de
former tous ses projets et desseins de telle façon...
que ses peuples n'en recevroient jamais de foule,
surcharge ny oppression...

...Vous ne désirez pour vous ni pour autruy
conquestes ny vengeances à faire, ny autres interests que ceux du public: l'establissement d'une
bonne *Paix perpetuelle* entre tous les Potentats
Chrestiens, et *un ordre* pour empescher toute infes-
tation des Infideles, au dommage des Estats Chrestiens de l'Europe...

...Je concluray par une espece de recapitulation
de tout ce qui a esté dit du principal et plus essentiel point de tous, et sans la perfection duquel, non
seulement il ne faut point qu'elle (V. M.) espere de
pouvoir establir *un ordre de continuelle subsistance
pacifique entre tous les Princes et Potentats de la
Chrestienté Européenne*, si elle ne luy a donné
auparavant les preparations necessaires, lesquelles
consistent en deux choses. La première à réduire
toute la Maison d'Austriche à une domination si
bien ajustée, et proportionnellement composée,
qu'elle delivre tous les Estats et Dominations Chres-
tiennes des craintes et apprehensions qu'elle leur a
tousjours donné sujet de prendre d'estre opprimez

---

(1) Edit de Nantes, 13 avril ; Paix de Vervins, 2 mai 1598.

et asservis par elle. Et la seconde, que tous ceux de cette Maison soient persuadés par raisons convenables, à se départir de leurs anciennes avidités pleines d'extorsion, afin qu'ils ne pensent jamais à choses dommageables à autruy, à quoy il semble impossible de les pouvoir faire resoudre, tant qu'ils possederont une quantité d'Estats et de Royaumes, outre ceux que contiennent les Espagnes.

(p. 70-72).

Discours sur les magnifiques desseins du Roy Henry le Grand...

Extraits :

...Le but principal de ce Grand Guerrier et Politique Monarque estoit de pouvoir establir une forme de *Republique tousjours pacifique avec tous les Chrestiens, et tousjours militante avec les Infideles ;* par le moyen de laquelle tous les Potentats Chrestiens de l'Europe se fussent reconciliez, familiarisez et entrevisitez les uns les autres et leurs femmes, enfans et sujets aussi amiablement que les parens et amis de mesmes Provinces, et ce avec si peu d'apparat que bon leur eust semblé, les moindres trains ayans à estre les plus estimés, leur estant impossible, par l'ordre qui s'establissoit, de s'entrenuire, ny d'avoir jalousie les uns des autres.

...Ce n'eust pas esté assés qu'il se fust rencontré dans la Chrestienté d'Europe un Roy ayant toutes les vertus morales du nostre ; mais aussi estoit-il necessaire qu'il fust Capitaine, soldat et accomply aux sciences Politiques et Militaires ; qu'il fust Roy d'un grand et puissant Royaume, fertile, populeux et abondant en brave Noblesse et vaillans soldats, et qu'iceluy fut situé comme au milieu des quatre plus grandes Dominations de la Chrestienté, afin de pouvoir estendre ses bras d'Auxiliation de toutes parts, mais surtout qu'il eût cette singulière prudence et temperance, que de vouloir, comme luy, donner tous ses interests particuliers au public, de ne desirer faire aucunes conquestes, de renoncer à toutes ses pretentions les plus légitimes, et de ne s'arroger aucune puissance ni autorité sur ses Associez, que selon la pluralité des voix d'iceux...

(*Ibid.*, p. 77-79).

J. L. GUEZ DE BALZAC
(1594-1654)

Le Prince de Balzac, *reveu corrigé, et augmenté de nouveau par l'Autheur.* Avec les Sommaires sur les *Chapitres.* — A Paris, chez Michel Bobin, 1660. (éd. ici reproduite). — La première éd. avait paru en 1631.

(Contre la manie des conquérants).

Ch. XXXI. — ...Il ne faut pas tousjours estre credule à sa première joye, ny se fier à l'apparence des affaires. Il y a de mauvais gains, et des acquisitions ruineuses... Les Princes, après avoir gaigné des batailles et vaincu des Peuples, doivent redouter leurs propres conquestes, et faire estat qu'il n'y a point de plus dangereux ennemis que des subjets qui obéissent par force... L'oppression n'oste point la vertu aux personnes libres ; elle irrite seulement leur courage, et aiguise la vaillance par la douleur...

Les gemissemens des Nations qu'on opprime, la clameur des Innocens qu'on persecute, l'affliction des meres et des veufves desolées, les violemens, les sacrileges et les autres mauvaises suites des mauvaises guerres monteront jusqu'au Throsne de Dieu... Si Dieu entend le cry des petits corbeaux qui sont au nid, n'écoutera-t-il point ses Enfans qui le sollicitent, et lui demandent raison du tort qu'on leur fait ? Si la voix du sang d'Abel est parvenuĕ jusqu'à luy, le sang d'un nombre infiny de Chrestiens sera-t-il muet, et tombera-t-il à terre sans faire de bruit ? Seront-ils morts pour la Justice, sans que la Justice recherche leur mort ?

(p. 345, 346, 350).

(Haine de l' « Impérialisme »)

Ch. XXIX. — ...Je voy bien qu'il faut pour la seconde fois attaquer la Tyrannie ; qu'il faut la poursuivre jusques dans le lieu de sa retraite, jusques dans le cœur de ses subjets, et voir si la nation est plus innocente que le Conseil [1] ...Il n'y a que le desir d'estre maistres chez autruy, qui les oblige de sortir de leur maison, et cette malheureuse fantaisie de Monarchie, qu'on leur a mise dans la teste... Au milieu de la paix ils ont l'esprit armé... Les raisons d'Estat les tourmentent jour et nuict... Ils dressent des embusches à la franchise et à la credulité... Ils font la guerre à la liberté des Peuples...

(p. 315-317).

------

[1] Que son gouvernement.

Ch. XX. — Il (le roi d'Espagne) a gravé cette orgûeilleuse inscription sur le frontispice d'un Palais qui se voit en Lombardie : A PHILIPPES II, ROY DES ROYS, ESPAGNOL, AFRIQVAIN, INDIEN, BELGIQVE, MAISTRE DEBONNAIRE DE TOVTES NATIONS, ESLEV DE DIEV POVR REVNIR TOVS LES EMPIRES SEPAREZ. Et après cela douterons-nous encore de ses intentions ?... Il ne fait point la guerre pour l'honneur de la victoire, et pour recouvrer les choses perdues. Ce n'est que pour acquerir injustement, et pour l'esperance du butin. Il ne la termine pas non plus pour donner du repos aux provinces travaillées : Ce n'est que pour désarmer ses ennemis, et pour tromper ceux qu'il n'a peu vaincre. Et de fait, si tost qu'il a retiré ses forces, et fermé les magazins de ses armes, il se sert de la ruse, et ouvre des boutiques toutes pleines de mauvaises et cruelles inventions... Toutes les pommes de discorde se prennent là. Il y a des artisans qui travaillent jour et nuit à faire des hameçons et des pieges : il s'y trouve des filets si deliez que les plus habiles s'y peuvent prendre. De là viennent les billets et les caractères qui ensorcellent le peuple...

(p. 210-212).

(Fonction et destination de la France dans l'Europe chrétienne).

Ch. XXIX. — ...Mocquons nous de l'extravagance de leurs desseins, quand ils ne sont qu'extravagans.

et ridicules. Ne parlons pas mesmes des affaires éloignées, encore que la Justice universelle s'estende partout, et lie tous les hommes ensemble. Laissons l'interest de la commune humanité... Plaignons nous des maux de l'Europe... Desja ils deliberent de l'ordre qu'il faudra establir aux affaires de la paix, apres la victoire ; desja ils destinent des gouverneurs pour les places qu'ils n'assiegeront que l'année prochaine, et pensent si insôlemment de l'avenir, que peu s'en faut qu'ils n'assignent leurs creanciers sur la prise de Venise.

Et certainement si Dieu n'avait mis en ce Royaume des barrieres à la violence, et une franchise à la foiblesse ; si la France n'estoit le commun pays des Estrangers affligez, et si nos armes n'estoient les armes deffensives de la Chrestienté, je ne doute point qu'ils n'achevassent tost ou tard les conquestes qu'ils ont commencées...

(p. 325-326).

Ch. XXI. — ...Nous devons, certes, estre bien glorieux de ce qu'un François est aujourd'huy necessaire à toute l'Europe, de ce qu'il est l'attendu et le desiré de tous les Peuples ; de ce qu'il fait de nouveaux destins aux Innocens malheureux ; de ce qu'il entreprend avec succez les bonnes causes abandonnées...

(p. 222 223).

FÉNELON
(1651-1715)

---

*Directions pour la Conscience d'un Roi, composées pour
l'instruction de Louis de France, duc de Bourgogne,* par
Messire François de Salignac de la Mothe-Fenelon,
archevêque-duc de Cambrai, son precepteur.
(Le titre indiqué par l'auteur est : *Examen de conscience
sur les devoirs de la Roïauté).*
Dut être composé vers 1705. Publié une première fois en
1734, éd. supprimée, puis en 1747, avec l'adresse suppo-
sée de Jean Neaulme, à La Haye. C'est cette édition de
1747, vraiment originale, que nous reproduisons. —
Cf. *Œuvres complètes de Fénelon.* Gaume, 1852, t. VII,
p. 98 et 101.

Supplément ou addition aux directions précédentes.
(Tout ce Supplément est à lire). *Extraits :*

Les États voisins les uns des autres ne sont pas
seulement obligés à se traiter mutuellement selon
les règles de la Justice et de la Bonne-Foi ; mais ils
doivent encore pour leur Sûreté particulière, autant
que pour l'Intérêt commun, faire une espece de
Société et de *République générale...*

... La Chrétienté fait une espece de *République
générale,* qui a ses intérets, ses craintes, ses pré-

cautions à observer. Tous les membres qui composent ce grand Corps se doivent les uns aux autres pour le Bien commun, et se doivent encore à eux-mêmes pour la sûreté de la Patrie, de prévenir tout progrès de quelqu'un des membres qui renverseroit l'équilibre, et qui se tourneroit à la ruine inévitable de tous les autres membres du même Corps. Tout ce qui change ou altère ce Système général de l'Europe est trop dangereux, et traîne après soi des maux infinis.

Toutes les Nations voisines sont tellement liées par leurs intérêts les unes aux autres, et au gros de l'Europe, que les moindres progrès particuliers peuvent altérer ce Système général, qui fait l'équilibre, et qui peut seul faire la Sûreté publique. Otez une pierre d'une voûte, tout l'édifice tombe, parce que toutes les pierres se soutiennent en s'entrepoussant.

L'HUMANITÉ met donc un devoir mutuel de défense du salut commun, entre les Nations voisines, contre un État voisin qui devient trop puissant ; comme il y a des devoirs mutuels entre les concitoyens pour la liberté de la patrie. Si le citoyen doit beaucoup à sa patrie dont il est membre, chaque Nation doit à plus forte raison bien davantage au repos et au salut de la *République universelle* dont elle est membre, et dans laquelle sont renfermées toutes les Patries des particuliers.

(p. 70, 76).

II

AU XVIIIe SIÈCLE,

LA SCIENCE POLITIQUE

ENSEIGNE AUX FRANÇAIS

QUE L'ÉGOÏSME DES ÉTATS,

CHACUN SE DÉSINTÉRESSANT DES AUTRES,

LES UNS S'OPPOSANT AUX AUTRES,

EST UNE ILLUSION RUINEUSE.

MONTESQUIEU — MARQUIS DE MIRABEAU

MONTESQUIEU
(1689-1755)

—

Mélanges inédits, 1 vol. in-4º, 1892, Bordeaux, Gounouilhou.

Fragment :

Si j'avais su quelque chose qui m'eût été utile et qui eût été préjudiciable à ma famille, je l'aurais rejeté de mon esprit. Si j'avais su quelque chose utile à ma famille et qui ne l'eût pas été à ma patrie, j'aurais cherché à l'oublier. Si j'avais su quelque chose utile à ma patrie et qui aurait été préjudiciable à l'Europe et préjudiciable au genre humain, je l'aurais regardée comme un crime.

(p. 79).

Pensées et fragments inédits, 2 vol. in-4º, 1899, *ibid.*

Fragment :

L'esprit du citoyen n'est pas de voir sa patrie dévorer toutes les patries. Ce désir de voir sa ville engloutir toutes les richesses des nations, de nourrir sans cesse ses yeux des triomphes des capitaines et des haines des rois, tout cela ne fait point

l'esprit du citoyen. L'esprit du citoyen est le désir
de voir l'ordre dans l'État, de sentir de la joie dans
la tranquillité publique, dans l'exacte administration de la justice, dans la sûreté des magistrats,
dans la prospérité de ceux qui gouvernent, dans le
respect rendu aux lois, dans la stabilité de la
monarchie ou de la république. L'esprit du citoyen
est d'aimer les lois, lors même qu'elles ont des cas
qui nous sont nuisibles, et de considérer plutôt le
bien général qu'elles nous font toujours, que le mal
particulier qu'elles nous font quelquefois...

(t. I, p. 402).

Fragment :

Un prince croit qu'il sera plus grand par la ruine
d'un État voisin. Au contraire ! Les choses sont
telles en Europe que tous les États dépendent les
uns des autres. La France a besoin de l'opulence
de la Pologne et de la Moscovie, comme la Guyenne
a besoin de la Bretagne, et la Bretagne de l'Anjou.
L'Europe est un État composé de plusieurs provinces.

(t. II, p. 316).

MARQUIS DE MIRABEAU

(1715-1789)

—

L'Ami des Hommes, ou Traité de la Population, Avignon (Paris) 1756 (1re éd.).
Les citations qui suivent sont tirées de la troisième édition ; Hambourg, Chrétien Herold, 1758, 3 vol. in-12.

La France organisée et vivifiée selon mes principes n'aura guère d'ennemis à craindre: nous sommes aujourd'hui guéris de la manie de nous en chercher. Quant à ceux que l'envie de notre prospérité et la cupidité d'envahir le commerce de l'univers pourroit exciter contre nous..., loin de me complaire dans des idées de leur décadence..., mon système est de regarder l'humanité entière comme une même famille divisée en plusieurs branches. La branche aînée en Europe doit être la France. Assez et trop longtemps elle a fait voir à toutes les autres que réunies contre elle elles ne pouvoient l'accabler qu'en s'accablant elles-mêmes. Il est temps aujourd'hui de leur apprendre qu'elle ne veut valoir que son prix ;... éteindre tout privilège exclusif, et n'en laisser qu'à la nature et au travail.

C'est là la seule Monarchie universelle qui ne soit point un rêve.

(Ch. X. *Circulation*, fin. T. I., p. 334).

Vous aurez l'avantage de voir disparaître chez vos voisins, ainsi que chez vous, cette politique barbare et imaginaire qui n'a d'objet que d'envahir, de détruire, de partager le bien d'autrui, de disposer des peuples comme d'un troupeau de bœufs, sous le prétexte du bien général et d'un être de raison appelé *équilibre*, chimère qui n'a de réel qu'un masque qu'elle prête à l'ambition.

Civilisez vos voisins, et de proche en proche, s'il étoit possible, l'Univers entier, et vous n'en aurez plus rien à craindre. Eh! que vous importe de donner des loix par-delà les lieux où elles peuvent atteindre? Je vous ai démontré que la souveraineté n'a qu'une certaine portée, par delà laquelle elle ne peut régner que sur la destruction.

(III⁰ partie, ch. VI, *des Communications et des Ports.*
T. II, p. 213-214).

L'intérêt exclusif [1] n'est autre chose qu'un poison lent qui ronge et détruit également celui qui le prépare et celui qu'il attaque. Comment un Gouvernement, dont les démarches et les conseils tendent hautement à cet intérêt, peut-il attendre de ses sujets quelque fraternité entre eux, quelque

---

[1] Ou « l'égoïsme sacré », comme on a dit depuis.

soin de la gloire de l'Etat, quelque amour de la patrie? Ses voisins lui sont étrangers, parce qu'il n'a avec eux qu'un rapport second, si l'on peut parler ainsi ; il le sera de même aux habitants des provinces de l'État... Toutes les passions particulières tendront à la dissolution de la société générale, et l'intérêt déguisé sera le lien unique des citoyens entre eux...

Je m'entends opposer de toutes parts que l'Histoire démontre presqu'en tous lieux que l'amour de la patrie n'est point du tout une branche de cette douce et recommandable vertu qu'on appelle l'humanité ; que les peuples qui nous ont donné les plus grands exemples de la première de ces vertus, ont toujours été ceux qui fraternisoient le moins avec les étrangers ; que les Juifs les avoient en horreur, les Grecs en haine, les Romains en mépris ; et que l'Anglois, qui d'entre les peuples modernes, est celui où le patriotisme est le plus en recommandation, fait de son droit de naturalité le titre le plus exclusif et le moins communicable ; que ce sont cependant les peuples qui eurent le plus de prospérité et de durée. Cette objection vaut peut-être la peine d'être discutée.

Les Juifs... devoient, selon les vues de la Providence, éviter toute communication étrangère pour conserver dans toute sa pureté le dépôt précieux de la Loi... La même Loi nous ordonne aujourd'hui d'être tous freres ; mais ce n'est point dans ce sens là que nous considérons les choses. A les voir donc uniquement *en politique*, je demande si l'Histoire entière des Juifs, si leur infortune éternisée offre un tableau bien concluant pour le dogme de l'*intérêt exclusif*.

Les Grecs... nous font voir dans l'Histoire de leur Gouvernement intérieur le théâtre le plus rebutant de l'inconséquence humaine; les différentes petites Républiques... s'usèrent, pour ainsi dire, les unes contre les autres...

Les Romains aimèrent leur patrie par-dessus toute chose; mais qu'était-ce que cette patrie? L'univers entier... Leurs ennemis les plus cruels une fois assujettis entroient en part des privilèges des citoyens, et faisoient portion de la patrie. Ils marcherent de la sorte à la Monarchie universelle; et si dans les temps de leur prospérité ils devinrent orgueilleux et inhumains, ce fut un vice d'un Gouvernement étendu par-delà les bornes naturelles de sa constitution. Prospérant comme guerriers, ils déclinèrent comme citoyens, sitôt qu'ils eurent pris des Grecs la manie de traiter de barbares les étrangers, jusqu'aux temps où ces barbares étouffèrent enfin leur civilité, comme le feront toujours tous barbares qu'on regardera constamment comme tels.

Quant aux Anglois..., rien n'est si inconséquent que de les voir d'un côté résister dans leur isle à l'évidence de l'utilité de la naturalisation des étrangers..., et de l'autre admettre et attirer même dans leurs colonies les Protestans de toutes les régions de l'Europe... Vous vous flattez d'envahir le commerce du monde..., le commerce du monde en est l'empire, vous le savez ; étendez donc, comme les Romains, le nom Anglois sur tout ce qui voudra bien le porter... La conduite des Anglois dans leurs colonies prouve qu'ils ont senti le faux de ce préjugé, et c'est à tort qu'on les accuseroit de judaïser en ce genre...

Qu'est-ce que les nations? Sinon de grandes familles. Le devoir des Législateurs est de les unir entre elles, de faire tomber, d'abord quant au personnel, ensuite pour la généralité, (1) ces odieuses distinctions de regnicoles et d'étrangers. Le globe entier est contigu ; tous les pays sont voisins, tous les hommes sont frères.

(Ch. ix. *Des Colonies. Ibid..* p. 319-325)

----

(1) C'est-à-dire en droit privé d'abord, puis en droit public.

III

AU XVIIIe SIÈCLE,

L'IDÉE

DE LA SOCIÉTÉ DES NATIONS

SE CONSTRUIT

CHEZ LES THÉORICIENS.

ABBÉ DE SAINT-PIERRE — J.-J. ROUSSEAU —

SÉBASTIEN MERCIER —

CONDORCET — DESTUTT DE TRACY.

CHARLES-IRÉNÉE CASTEL,

ABBÉ DE SAINT-PIERRE

(1658-1743)

—

Projet pour rendre la Paix perpétuelle en Europe
(Utrecht, 1713-1717, 3 vol. in-12).

Extrait :

Les traités de Münster, des Pyrénées, d'Aix-la-Chapelle, de Nimègue, de Ryswick, d'Utrecht, de Bade, de Londres, de Vienne, d'Hanovre, et les autres traités ont réglé les principaux différends qui étoient en ce temps-là entre les souverains de l'Europe. Mais comme les plus foibles d'alors y ont cédé pour un temps partie de leurs prétentions, de peur de perdre beaucoup plus de leur territoire par la continuation de la guerre, la plupart des contractants inférieurs en force se réservaient intérieurement à faire valoir dans un temps plus favorable, c'est-à-dire, *dans un temps de supériorité de force*, les droits, les prétentions qu'ils paroissent céder pour toujours dans ces différents traités...

Mais si l'on peut faire envisager à celui qui veut

recommencer la guerre, en premier lieu qu'il y a un moyen de rendre la paix solide et perpétuelle en Europe, en second lieu qu'une paix solide et perpétuelle lui épargneroit de grands frais, en troisième lieu qu'elle lui procureroit des avantages incomparablement plus réels et plus grands que l'obtention de ses prétentions par la guerre, alors, loin de songer à la guerre, il songera à prendre les moyens de rendre la paix durable.

Or ces moyens consistent à la signature du traité fondamental.

J'ai eu deux vues en dressant les articles qui doivent composer cet inestimable traité : la première, de faire en sorte qu'ils contiennent tout ce qui est absolument nécessaire pour former une alliance, une société permanente et très durable ; la seconde, qu'ils ne contiennent précisément que ce qui est absolument nécessaire : c'est pour cela que je les ai réduits à un si petit nombre, parce que moins il y en a, moins il est difficile d'en convenir.

Premier article

Il y aura désormais entre les souverains qui auront signé les cinq articles suivants une alliance perpétuelle...

... Pour faciliter la formation de cette alliance, ils sont convenus de prendre pour point fonda-mental *la possession actuelle et l'exécution des der-niers traités;* et se sont réciproquement promis, à la garantie les uns des autres, que chaque souverain qui aura signé ce traité fondamental sera toujours conservé, lui et sa maison, dans tout le territoire qu'il possède *actuellement*.

Ils sont convenus que les derniers traités, depuis et compris le traité de Münster, seront exécutés ; et que pour la sûreté commune des États de l'Europe, les renonciations faites dans le traité d'Utrecht pour empêcher les couronnes de France et d'Espagne de s'unir jamais sur une même tête seront exécutées selon leur forme et teneur.

Et, afin de rendre la Grande Alliance plus solide, en la rendant plus nombreuse et plus puissante, les Grands Alliés sont convenus que tous les souverains chrétiens seront invités d'y entrer par la signature de ce traité fondamental.

Second article

Chaque Allié contribuera, à proportion des revenus actuels et des charges de son État, à la sûreté et aux dépenses communes de la Grande Alliance...

Troisième article

Les Grands Alliés, pour terminer entre eux leurs différends présents et à venir, ont renoncé et renoncent pour jamais, pour eux et pour leurs successeurs, à la voie des armes ; et sont convenus de prendre toujours dorénavant la voie de conciliation par la médiation du reste des Grands Alliés dans le lieu de l'assemblée générale. Et en cas que cette médiation n'ait pas de succès, ils sont convenus de s'en rapporter au jugement qui sera rendu par les plénipotentiaires des autres alliés perpétuellement assemblés.

Quatrième article

Si quelqu'un d'entre les Grands Alliés refusait d'exécuter les jugements et les règlements de la Grande Alliance, négociait des traités contraires, faisait des préparatifs de guerre, la Grande Alliance armera et agira contre lui offensivement, jusqu'à ce qu'il ait exécuté lesdits jugements ou règlements, ou donné sûreté de réparer les torts causés par les hostilités, et de rembourser les frais de la guerre suivant l'estimation qui en sera faite par les commissaires de la Grande Alliance.

Cinquième article

Les Alliés sont convenus que les plénipotentiaires... régleront dans leur assemblée perpétuelle tous les articles qui seront jugés nécessaires et importants, pour procurer à la Grande Alliance plus de solidité, plus de sûreté, et tous les autres avantages possibles; mais l'on ne pourra jamais rien changer à ces cinq articles fondamentaux que du consentement unanime de tous les Alliés...

JEAN-JACQUES ROUSSEAU

(1712-1778)

Suggérées par l'Abbé de Saint-Pierre, les idées de Rousseau sur une *Fédération* ou *Société des Nations* se trouvent exprimées : 1º dans un fragment sur *l'État de Guerre*, conservé à la Bibliothèque de Neuchâtel, Ms 7856, publié par MM. Dreyfus-Brisac, en 1896; Windenberger, en 1900, et Vaughan, en 1915. (*The Political Writings of Jean-Jacques Rousseau*, 2 vol. in-8º, Cambridge, t. I, p. 293); 2º au Livre V de *l'Émile* (Vaughan, t. II, p. 157); 3º dans *l'Extrait du Projet de Paix perpétuelle de M. l'abbé de Saint-Pierre*, écrit en 1756, publié en 1761; brouillon conservé (en fragments) à Neuchâtel, Ms. 7820. Ici on reproduit le passage essentiel de ce dernier écrit, d'après Vaughan, éd. citée, t. I, p. 366-368, 374-376.

... Toutes les puissances de l'Europe forment entre elles une sorte de système qui les unit par une même religion, par un même droit des gens, par les mœurs, par les lettres, par le commerce, et par une sorte d'équilibre qui est l'effet nécessaire de tout cela, et qui, sans que personne songe en effet à le conserver, ne serait pourtant pas si facile à rompre que le pensent beaucoup de gens.

Cette *Société des Peuples de l'Europe* n'a pas toujours existé, et les causes particulières qui l'ont fait naître servent encore à la maintenir. En effet, avant les conquêtes des Romains, tous les peuples de cette partie du monde, barbares et inconnus les uns aux autres, n'avaient rien de commun que leur qualité d'hommes ; qualité qui, ravalée alors par l'esclavage, ne différait guère dans leur esprit de celle de brute. Aussi les Grecs, raisonneurs et vains, distinguaient-ils, pour ainsi dire, deux espèces dans l'humanité : dont l'une, savoir la leur, était faite pour commander, et l'autre, qui comprenait tout le reste du monde, uniquement pour servir. De ce principe il résultait qu'un Gaulois ou un Ibère n'était rien de plus pour un Grec que n'eût été un Cafre ou un Américain ; et les barbares eux-mêmes n'avaient pas plus d'affinité entre eux que n'en avaient les Grecs avec les uns et les autres.

Mais quand ce peuple, souverain par nature, eut été soumis aux Romains ses esclaves, et qu'une partie de l'hémisphère connu eut subi le même joug, il se forma une union politique et civile entre tous les membres d'un même empire. Cette union fut beaucoup resserrée par la maxime, ou très sage ou très insensée, de communiquer aux vaincus tous les droits des vainqueurs, et surtout par le fameux décret de Claude, qui incorporait tous les sujets de Rome au nombre de ses citoyens.

A la chaîne politique, qui réunissait ainsi tous les membres en un corps, se joignirent les institutions civiles et les lois, qui donnèrent une nouvelle force à ces liens, en déterminant d'une manière équitable, claire et précise, du moins autant qu'on le pouvait dans un si vaste empire, les devoirs et les droits réciproques du prince et des sujets, et ceux des citoyens entre eux. Le Code de Théodose, et ensuite les livres de Justinien, furent une nouvelle chaîne de justice et de raison, substituée à propos à celle du pouvoir souverain, qui se relâchait très sensiblement. Ce supplément retarda beaucoup la dissolution de l'Empire, et lui conserva longtemps une sorte de juridiction sur les barbares mêmes qui le désolaient.

Un troisième lien, plus fort que les précédents, fut celui de la religion ; et l'on ne peut nier que ce ne soit surtout au christianisme que l'Europe doit encore aujourd'hui l'espèce de société qui s'est perpétuée entre ses membres ; tellement que celui des membres qui n'a point adopté sur ce point le sentiment des autres est toujours demeuré comme étranger parmi eux. Le Christianisme, si méprisé à sa naissance, servit enfin d'asile à ses détracteurs. Après l'avoir si cruellement et si vainement persécuté, l'empire romain y trouva les ressources qu'il n'avait plus dans ses forces ; ses missions lui valaient mieux que des victoires ; il envoyait des évêques réparer les fautes de ses généraux, et triomphait par ses prêtres quand ses soldats étaient battus. C'est ainsi que les Francs, les Goths, les Bourguignons, les Lombards, les Avares, et mille autres, reconnurent enfin l'autorité de l'Empire après l'avoir subjugué, et reçurent, du moins en apparence, avec la loi de l'Évangile, celle du prince qui la leur faisait annoncer.

.....Voilà comment le Sacerdoce et l'Empire ont formé le lien social de divers peuples qui, sans avoir aucune communauté réelle d'intérêts, de droits ou de dépendance, en avaient une de maximes et d'opinions, dont l'influence est encore demeurée quand le principe a été détruit. Le simulacre antique de l'Empire romain a continué de former une sorte de liaison entre les membres qui l'avaient composé ; et Rome ayant dominé d'une autre manière après la destruction de l'Empire, il est resté de ce double lien une société plus étroite entre les nations de l'Europe, où était le centre des deux Puissances, que dans les autres parties du monde, dont les divers peuples, trop épars pour se correspondre, n'ont de plus aucun point de réunion.

Joignez à cela la situation particulière de l'Europe, plus également peuplée, plus également fertile, mieux réunie en toutes ses parties ; le mélange continuel des intérêts que les liens du sang et les affaires du commerce, des arts, des colonies, ont mis entre les souverains ; la multitude des rivières, et la variété de leurs cours, qui rend toutes les communications faciles ; l'humeur inconstante des habitants, qui les porte à voyager sans cesse, et à se transporter fréquemment les uns chez les autres ; l'invention de l'imprimerie, et le goût général des lettres, qui a mis entre eux une communauté d'études et de connaissances ; enfin la multitude et la petitesse des États, qui, jointe aux besoins du luxe et à la diversité des climats, rend les uns toujours nécessaires aux autres. Toutes ces causes réunies forment de l'Europe, non seulement, comme l'Asie ou l'Afrique, une idéale collection de peuples qui n'ont de commun qu'un nom, mais une Société réelle qui a sa religion, ses mœurs, ses coutumes et même ses lois, dont aucun des peuples qui la composent ne peut s'écarter sans causer aussitôt des troubles.

. . . .

Il résulte de cet exposé trois vérités incontestables : l'une, qu'excepté le Turc il règne entre tous les peuples de l'Europe une liaison sociale imparfaite, mais plus étroite que les nœuds généraux et lâches de l'humanité ; la seconde, que l'imperfection de cette société rend la condition de ceux qui la composent pire que la privation de toute société entre eux ; la troisième, que ces premiers liens, qui rendent cette société nuisible, la rendent en même temps facile à perfectionner ; en sorte que tous ses membres pourraient tirer leur bonheur de ce qui fait actuellement leur misère, et changer en une paix éternelle l'état de guerre qui règne entre eux.

Voyons maintenant de quelle manière ce grand ouvrage, commencé par la fortune, peut être achevé par la raison ; et comment la société libre et volontaire qui unit tous les États européens, prenant la force et la solidité d'un vrai Corps politique, peut se changer en une Confédération réelle. Il est indubitable qu'un pareil établissement, donnant à cette association la perfection qui lui manquait, en détruira l'abus, en étendra les avantages, et forcera toutes les parties à concourir au bien commun. Mais il faut pour cela que cette Confédération soit tellement générale, que nulle Puissance considérable ne s'y refuse; qu'elle ait un tribunal judiciaire qui puisse établir les lois et les règlements qui doivent obliger tous les membres; qu'elle ait une force coactive et coercitive pour contraindre chaque État de se soumettre aux délibérations communes, soit pour agir, soit pour s'abstenir; enfin, qu'elle soit ferme et durable, pour empêcher que les membres ne s'en détachent à leur volonté, sitôt qu'ils croient voir leur intérêt particulier contraire à l'intérêt général. Voilà les signes certains auxquels on reconnaîtra que l'institution est sage, utile et inébranlable. Il s'agit maintenant d'étendre cette supposition, pour chercher par analyse quels effets doivent en résulter, quels moyens sont propres à l'établir, et quel espoir raisonnable on peut avoir de la mettre en exécution.

Il se forme de temps en temps parmi nous des espèces de Diètes générales sous le nom de Congrès, où l'on se rend solennellement de tous les États de l'Europe pour s'en retourner de même; où l'on s'assemble pour ne rien dire; où toutes les affaires publiques se traitent en particulier; où l'on délibère en commun si la table sera ronde ou carrée, si la salle aura plus ou moins de portes, si un tel plénipotentiaire aura le visage ou le dos tourné vers la fenêtre, si tel autre fera deux pouces de chemin de plus ou de moins dans une visite, et sur mille questions de pareille importance, inutilement agitées depuis trois siècles, et très dignes assurément d'occuper les politiques du nôtre.

Il se peut faire que les membres d'une de ces assemblées soient une fois doués du sens commun; il n'est pas même impossible qu'ils veuillent sincèrement le bien public; et, par les raisons qui seront ci-après déduites, on peut concevoir encore qu'après avoir aplani bien des difficultés ils auront ordre de leurs souverains respectifs de signer la Confédération générale que je suppose sommairement contenue dans les cinq Articles suivants.

Par le premier, les souverains contractants établiront entre eux une alliance perpétuelle et irrévocable, et nommeront des plénipotentiaires pour tenir, dans un lieu déterminé, une Diète ou un Congrès permanent, dans lequel tous les différends des parties contractantes seront réglés et terminés par voies d'arbitrage ou de jugement.

Par le second, on spécifiera le nombre des souverains dont les plénipotentiaires auront voix à la Diète; ceux qui seront invités d'accéder au traité; l'ordre, le temps et la manière dont la présidence passera de l'un à l'autre par intervalles égaux; enfin la quotité relative des contributions, et la manière de les lever pour fournir aux dépenses communes.

Par le troisième, la Confédération garantira à chacun de ses membres la possession et le gouvernement de tous les États qu'il possède actuellement, de même que la succession élective ou héréditaire, selon que le tout est établi par les lois fondamentales de chaque pays ; et, pour supprimer tout d'un coup la source des démêlés qui renaissent incessamment, on conviendra de prendre la possession actuelle et les derniers traités pour base de tous les droits mutuels des Puissances contractantes : renonçant pour jamais et réciproquement à toute autre prétention antérieure ; sauf les successions futures contentieuses, et autres droits à échoir, qui seront tous réglés à l'arbitrage de la Diète, sans qu'il soit permis de s'en faire raison par voies de fait, ni de prendre jamais les armes l'un contre l'autre, sous quelque prétexte que ce puisse être.

Par le quatrième, on spécifiera le cas où tout Allié, infracteur du traité, serait mis au ban de l'Europe, et proscrit comme ennemi public ; savoir, s'il refusait d'exécuter les jugements de la grande Alliance, qu'il fît des préparatifs de guerre, qu'il négociât des traités contraires à la Confédération, qu'il prît les armes pour lui résister, ou pour attaquer quelqu'un des Alliés.

Il sera encore convenu par le même Article qu'on armera et agira offensivement, conjointement, et à frais communs, contre tout État au ban de l'Europe, jusqu'à ce qu'il ait mis bas les armes, exécuté les jugements et règlements de la Diète, réparé les torts, remboursé les frais, et fait raison même des préparatifs de guerre contraires au traité.

Enfin, par le cinquième, les plénipotentiaires du Corps européen auront toujours le pouvoir de former dans la Diète, à la pluralité des voix pour la provision, et aux trois quarts des voix cinq ans après pour la définitive, sur les instructions de leurs cours, les règlements qu'ils jugeront importants pour procurer à la République européenne et à chacun de ses membres tous les avantages possibles. Mais on ne pourra jamais rien changer à ces cinq articles fondamentaux que du consentement unanime des Confédérés.

SÉBASTIEN MERCIER

(1740-1814)

—

L'An deux mille quatre cent quarante, rêve s'il en fut jamais (1re éd., Amsterdam, 1770). Nouvelle édition avec figures, Paris, 1787, 3 vol. in-8°. Cette édition est ici reproduite.

Chap. LV, *Court entretien sur de graves objets* (t. II, p. 198). (Ceci est censé écrit en 2440 après notre ère).

Ce n'est plus le temps où l'on déploroit avec énergie le peu d'efficacité des traités, les infractions faites à la foi publique, et le renversement de toute idée d'équilibre et de justice générale. Notre vigilance active se renouvelle toutes les fois qu'une puissance se permet d'immoler son repos à la soif d'un agrandissement injuste. L'autorité législative, également partagée entre toutes les nations, a un poids et une vigueur dont vous n'aviez aucune idée ; de là une grande harmonie dans les délibérations ; une force coactive pour procurer l'exécution des résolutions publiques, des ressources infinies pour lever les obstacles.

Les grandes et énormes Puissances ayant reçu

des bornes circonscrites, tous ces corps militaires avoient insensiblement usé les ressorts des gouvernements, et décomposé leurs principes; ils furent licenciés lorsque la force publique fit cesser cette situation déplorable où s'agitoit l'Europe quand elle avoit la frénésie d'entretenir un million de soldats portant le fusil sur l'épaule. L'Europe, infectée alors des misérables principes d'une politique barbare, ne pouvoit recevoir un mouvement mesuré et uniforme, pouvoit encore moins participer à cette réciprocité universelle d'intérêt et de secours qui est comme le lien et la sauvegarde de tous les États.

C'est dans l'anéantissement de tous ces grands corps militaires qui attestoient la dégradation de l'espèce humaine, que nous avons trouvé le secret de rapprocher les diverses parties de l'Europe, de raffermir celles qui flottoient, de contenir celles qui tendoient à se déplacer, d'établir entre toutes une subordination constante, et surtout de dégager la législation universelle des États de cette rouille de barbarie qui en effaçoit l'auguste empreinte.

Il n'a fallu, pour opérer ce grand ouvrage, que la scission de trois grands États. La Providence ayant amené cette température, nous avons profité de l'occasion pour former un contre-poids, et le système général, en se repliant sur lui-même, a retrouvé dans le partage ou le démembrement des trop vastes États un nouveau point d'appui pour cimenter un ouvrage immortel et digne de l'homme éclairé; il s'est fait de toutes parts un effort généreux et constant en faveur de l'équilibre européen. La place de chaque Puissance y fut marquée avec plus de précision. Le sceptre fut affermi dans la main des monarques; les maux de l'anarchie et ceux de la liberté indocile et ombrageuse furent également réprimés; enfin la distribution du mouvement général se fit dans la progression qui le rend avantageux à tout le système; et la politique, ramenée à la simplicité essentielle, ne confondit plus les rapports fondamentaux, et l'intérêt d'un moment ne dicta plus de ces combinaisons forcées qui séparent ce qui doit être uni et rapprochent ce qui doit être divisé.

Toutes les nations trouvèrent leur avantage dans une révolution, dont l'effet principal fut de revivifier les empires en les privant de ce surcroît de puissance qui ne faisoit qu'altérer l'équilibre, et en troubler le système. Par là, tous les points de la grande législation se virent en quelque sorte rapprochés, et tous les mouvements particuliers influèrent avec plus d'ordre et d'énergie sur le mouvement général.

D'ailleurs les formes républicaines ayant gagné, avec le progrès des lumières, tous les États, et l'Amérique étant une pépinière de républiques, il n'y a plus de ces corps monstrueux qu'on appeloit « Puissances militaires », et qui ne donnoient jamais un dédommagement effectif de ce que les victoires mêmes avoient coûté.

Cette révolution des États arrivée, il y a trois cents ans[1], a contribué à resserrer les liens de la paix. Ainsi la politique, longtemps éclipsée, reparut sur la terre : elle a ses loix constantes que des méprises particulières rendent quelquefois inutiles ; mais tôt ou tard il faut que les loix majestueuses reviennent à leur efficacité naturelle : car l'homme étant un être sociable, il étoit impossible qu'il ne trouvât point, après tant d'erreurs et de calamités, les loix sublimes de la grande et parfaite société.

---

[1] Donc, vers 2100 de notre ère.

CONDORCET

(1743-1794)

Esquisse d'un tableau historique des progrès de l'esprit humain. — Écrit en juillet-décembre 1793.
Dixième époque : *Des progrès futurs de l'esprit humain.*

Les peuples plus éclairés, se ressaississant du droit de disposer eux-mêmes de leur sang et de leurs richesses, apprendront peu à peu à regarder la guerre comme le fléau le plus funeste, comme le plus grand des crimes. On verra d'abord disparaître celles où les usurpateurs de la souveraineté des nations les entraînaient pour de prétendus droits héréditaires.

Les peuples sauront qu'ils ne peuvent devenir conquérants sans perdre leur liberté ; que des *confédérations perpétuelles* sont le seul moyen de maintenir leur indépendance ; qu'ils doivent chercher la sûreté, et non la puissance. Peu à peu les préjugés commerciaux se dissiperont ; un faux intérêt mercantile perdra l'affreux pouvoir d'ensanglanter la terre, et de ruiner les nations sous prétexte de les enrichir. Comme les peuples se rapprocheront enfin dans les principes de la politique et de la morale, comme chacun d'eux, pour son propre avantage, appellera les étrangers à un partage plus égal des biens qu'il doit à la nature ou à son industrie, toutes ces causes qui produisent, enveniment, perpétuent les haines nationales, s'évanouiront peu à peu ; elles ne fourniront plus à la fureur belliqueuse ni aliment, ni prétexte.

Des institutions mieux combinées que ces projets de paix perpétuelle qui ont occupé le loisir et consolé l'âme de quelques philosophes accéléreront les progrès de cette fraternité des nations ; et les guerres entre les peuples, comme les assassinats, seront au nombre de ces atrocités extraordinaires qui humilient et révoltent la nature...

Ed. de 1829, in-8°, p. 277-278.

DESTUTT DE TRACY

(1754-1836)

Commentaires sur l'Esprit des Lois de Montesquieu, imprimé en Amérique en 1811; publié à Paris, chez Desoer, en 1819. Livre X. P. 126-131.

...Les nations sont les unes à l'égard des autres dans l'état où seraient des hommes sauvages, qui, n'appartenant à aucune nation et n'ayant entre eux aucun lien social, n'auraient aucun tribunal à invoquer, aucune force publique à réclamer, pour en être protégés. Il faudrait bien qu'ils se servissent chacun de leurs forces individuelles pour se conserver.

Cependant, ces hommes-là même, pour ne pas se dévorer incessamment comme des bêtes féroces, seraient obligés de faire usage de la faculté, quoique bien imparfaite, qu'ils auraient de s'entendre les uns les autres; de s'expliquer quand ils seraient en querelle, sans quoi leurs différends dureraient éternellement; de faire entre eux quelques conventions pour se laisser réciproquement en repos, et de compter jusqu'à un certain point sur la foi jurée, quoiqu'ils n'en eussent pas une garantie bien rassurante.

C'est aussi ce que font les nations. Les plus brutales s'envoient des parlementaires, des hérauts, des ambassadeurs que l'on respecte, font des traités, se donnent des ôtages. Les plus civilisées vont jusqu'à mettre des bornes à la fureur de la discorde, même pendant qu'elle dure encore. Elles s'accordent respectivement le droit d'enterrer les morts, soignent les blessés, échangent les prisonniers, au lieu de les manger ou d'exercer sur eux une vengeance féroce ; et, d'un autre côté, elles s'habituent à ne pas rompre la paix sans provocation, sans explication sur cette provocation, et sans déclarer que l'explication ou la satisfaction ne sont pas suffisantes. Tout cela prend la force d'usages reçus et de règles convenues entres elles ; règles qui manquént à la vérité de moyen coercitif pour empêcher d'y contrevenir, mais qui n'en composent pas moins ce que l'on appelle le droit des nations, le droit des gens, *jus gentium*.

Cet ordre de choses fait sortir les nations de l'état d'isolement absolu que nous avons peint d'abord, et les amène à être entre elles dans un état de société informe et à peine ébauché, à peu près tel qu'il existe entre les sauvages qui, par une espèce de confiance mutuelle, se sont réunis en une même horde, sans avoir su organiser une puissance publique qui assure les droits de chacun d'eux. Déjà dans cet état, le meilleur système de conduite est, en général, la probité unie à la prudence, parce qu'en ménageant les moyens de défense personnelle, il assure l'appui qui résulte de la confiance et de la bienveillance générales. C'est là ce qu'on peut dire en faveur de l'observation des règles du droit des gens : c'est la seule sanction dont ces règles soient susceptibles actuellement.

Il paraîtra peut-être que c'est injurier les nations civilisées, de dire qu'elles sont entre elles dans un état semblable à celui des individus, dans une société informe et à peine ébauchée.

Cependant c'est un grand pas de fait d'être sorti de l'état d'isolement absolu : pour arriver à celui de société perfectionnée et organisée, il ne leur manque que d'établir entre elles un tribunal et une force coercitive commune, comme font dans l'intérieur d'une fédération les peuples fédérés, comme font dans l'intérieur d'une société les individus qui en sont membres.

Ce second pas a toujours paru impossible et chimérique; pourtant il est peut-être bien moins difficile à faire que le premier ou les deux premiers qui l'ont précédé. Quand on songe combien il a fallu de temps et de peines pour que les hommes dans leur état primitif soient parvenus à se faire un langage tel qu'ils parviennent à s'entendre passablement, à s'inspirer assez de confiance mutuelle pour former ensemble de petites sociétés et ensuite de plus grandes; combien il en a fallu plus encore pour que ces sociétés aient cessé d'être les unes à l'égard des autres, précisément comme des troupeaux de bêtes farouches, pour qu'elles aient établi entre elles quelques communications et des relations morales ; il paraîtra infiniment plus aisé que ces relations morales s'organisent et deviennent de vraies relations sociales. Il y a certainement eu une époque où il devait paraître plus difficile de former une république fédérative quelconque, qu'il ne l'est actuellement d'établir un vrai pacte social entre plusieurs grandes nations ; et il y a plus loin de l'état originaire de l'homme à la ligue des Achéens, que de l'état actuel de l'Europe à la fédération régulière de toutes ses parties. Le plus grand obstacle à cette fédération vient certainement des monarchies que renferme cette partie du monde, parce qu'elles y sont bien moins propres que les républiques, par les raisons que nous avons dites dans le chapitre précédent.(1) Mais à quoi servirait-il de s'efforcer de présenter un tel projet comme exécutable à présent ? et à quoi surtout serait-il utile de s'obstiner à le proclamer impossible à jamais ? Il y a plus de choses possibles que nous ne le croyons ; l'expérience le prouve tous les jours. Laissons faire au temps, ne nous pressons point de réaliser des rêves, et pressons-nous encore moins de combattre et de détruire les espérances des gens de bien.

---

(1) P. 123 : « L'effet d'une fédération est d'élever une autorité commune au-dessus des autorités particulières ; et, par conséquent des rois, qui essaieraient d'en former une, ou cesseraient d'être souverains, ou ne seraient pas de vrais fédérés. »

IV

AUX TEMPS RÉVOLUTIONNAIRES,

LE SENTIMENT

DE LA FRATERNITÉ DES PEUPLES

SE FAIT JOUR DANS LE PEUPLE ;

MAIS LE « SALUT PUBLIC » Y FAIT OBSTACLE.

VŒUX DE RABAUT SAINT-ÉTIENNE, EN 1792 ;

RÈGLES POSÉES PAR CARNOT, EN 1793.

———

J.-P. RABAUT SAINT-ÉTIENNE
(1743-1793)

—

Réflexions politiques sur les circonstances présentes, par
J.-P. Rabaut. — Pour servir de suite au *Précis histo-
rique de la révolution françoise*, 2ᵉ édit., à Paris, chez
Onfroy, libraire, rue Saint-Victor, nᵒ 11 ; à Strasbourg,
chez J.-G. Treuttel, libraire ; — de l'imprimerie de P.
Didot l'aîné, 1792, in-32, pp. 14-31.

Extraits :

. . . .

XVIII

Voici une grande querelle pour les siècles dix-
huit et dix-neuf : c'est de savoir si les peuples
appartiennent aux rois, ou si les rois appartiennent
aux peuples ; si l'autorité est instituée pour le plaisir de ceux qui gouvernent, ou pour le bonheur de
ceux qui sont gouvernés.

XIX

Ces deux thèses seront long-temps débattues, d'un
côté par les sages, et de l'autre par les rois. Mais

les rois auront d'abord l'avantage parce qu'ils plaident, comme on dit, les mains garnies. Ces combats seront les orages qui feront mûrir la·révolution.

XX

Le désavantage des peuples consiste dans leur ignorance, dans leur dispersion, dans la diversité des langues, dans celle des usages, des lois et des mœurs, dans la stupidité des haines nationales. Les rois ont des armées, tout l'or des peuples et l'habitude de l'autorité; ils parlent tous la même langue; ils ont des ambassadeurs, des espions, des correspondances et des traités, la promptitude de la volonté, de l'accord et de l'exécution, et personne n'ignore qu'ils sont cousins.

XXIII

Il est possible que tous les rois de l'Europe se coalisent contre une petite page d'écriture ; mais après bien des coups de canon, et quand ils tueraient trois ou quatre cents mille hommes et dévasteraient vingt pays, il n'en serait pas moins vrai que *les hommes naissent et demeurent libres et égaux en droits*, et que *la nation est le souverain ;* et il est possible que leur obstination fît découvrir d'autres vérités auxquelles on n'aurait pas pensé sans leur colère.

XXV

On tue des hommes, c'est le triste apanage du métier de roi ; mais on ne tue pas les opinions. On ne les fait pas rebrousser non plus ; car, après une grande boucherie d'hommes et tous les hideux massacres que les héros auront exécutés, il n'y aura point de roi, de bourreaux, ni même de prêtres qui puissent faire qu'on n'ait pas pensé ce qui a été pensé, qu'on n'ait pas dit ce qui a été dit. Il faudra donc étouffer la vérité, établir des tribunaux d'inquisition, arrêter les imprimeries dans toute l'Europe, fermer la bouche aux Anglais et aux autres peuples libres, et anéantir l'Amérique septentrionale. Cette guerre à la raison est donc une folie.

XXVI

On a dit, deux ans de suite, que trois cents mille Allemands, cinquante mille Russes, dix mille Suédois, vingt mille Suisses, trente mille Italiens et trente mille Espagnols devaient se réunir au printemps pour tuer les Français, égorger leurs femmes et brûler leurs villes et leurs moissons et leur faire une guerre cruelle, parce que les Français ont déclaré que tous les hommes sont frères et qu'ils ne veulent faire la guerre à personne.

XXVIII

Quand des peuples errants, que le lien social

réunit pour la première fois, ouïrent annoncer, au nom du ciel, les premières lois de civilisation, entendirent-ils des vérités plus sublimes que celles qui, dans notre dégénération, ont été proclamées au nom des Français ? Elles ont dit :

« Hommes réunis pour vous donner des lois, vous apportez tous ici un droit égal : celui qui est le plus reculé dans cette foule immense, aura le même droit à la protection commune ; tous les privilèges sont abolis. Vos propriétés seront également protégées, car vous les apportez dans la société commune ; nulle main téméraire n'osera y attenter. Vous serez libres dans vos pensées, dans vos opinions, dans vos actions, dans vos discours, dans vos écrits, dans votre négoce, dans vos maisons, à la ville, aux champs, en voyage. Tout ce que la loi vous demande, c'est de ne nuire à personne, comme vous souhaitez que personne ne vous nuise. Que tous veillent pour tous ; que la personne de chacun de vous soit mise sous la sauvegarde de tous les autres et que des hommes choisis parmi vous et par vous veillent plus particulièrement à votre sûreté.

« Il vous faut des lois, précisément pour que vos droits soient maintenus et qu'aucun n'ose y porter atteinte ; mais ces lois seront l'expression de votre volonté. Ce ne sera pas un homme qui vous les donnera, car il penserait à lui plus qu'à vous. Ce seront des hommes choisis par vous qui les feront, mais le droit de souveraineté vous reste toujours, parce que vous avez celui de changer vos lois quand elles ne vous conviennent plus. Vous aurez donc toujours des représentants, mais vous n'aurez jamais de maîtres.

« Vos dépenses seront communes, nul ne sera dispensé d'y contribuer, chacun y fournira selon sa fortune, et elles seront réparties par des hommes que vous aurez choisis, et, quoique les lois que vous aurez faites et les magistrats que vous aurez choisis veillent pour vous, chacun de vous aura le droit de se plaindre aux autorités établies des injustices qu'il aura souffertes ; car vous n'êtes réunis que pour être libres, tranquilles et heureux.

« Hommes frères, souvenez-vous que vous l'êtes de tout le genre humain. Respectez les droits des peuples vos voisins, comme vous voulez qu'ils respectent les vôtres ; n'entreprenez aucune guerre dans un esprit de conquête, mais défendez-vous avec courage quand vous serez attaqués, car votre cause sera juste. »

Maintenant, si l'histoire dit un jour à la postérité : « A peine ce peuple sage eut-il prononcé ces paroles, que tous les peuples voisins se jetèrent sur lui pour le détruire » ; que penseront nos neveux d'un siècle aussi barbare ?

XXIX

J'entends dire quelquefois que les Français auraient dû se contenter de poser des principes pour eux, sans les répandre chez les autres peuples. Mais, de bonne foi, est-ce leur faute si leurs principes sont si généraux qu'ils conviennent à tous les hommes de tous les temps et de tous les pays? N'est-ce pas même une preuve de la bonté de ces principes, qui ne dépendent ni des siècles, ni des préjugés, ni des climats? Les ont-ils inventés par malice et pour faire pièce aux rois et aux puissants? Refuse-t-on de prendre un remède parce qu'il pourrait guérir d'autres malades?

XXXI

Les Français ont commis un grand crime : ils ont changé la face de la politique. Ils osent dire que les guerres ne doivent être que défensives ; que les peuples dont on ménage si peu le sang devraient être consultés ; que les guerres ne se font pas pour les rois, qui s'y enrichissent, mais pour les peuples, qui s'y ruinent ; que l'intérêt des peuples doit être la base de tous les traités ; que la politique des cabinets doit être franche, loyale, débarrassée du vil espionnage dont elle est souillée ; que les traités n'ont été jusqu'ici qu'un marché d'hommes, où les spéculateurs calculent ceux qui doivent être menés à la boucherie et ceux qui doivent être engraissés. Tous les hommes d'État se sont élevés contre ces maximes perverses, la diplomatie entière en a frémi, elle a juré qu'il en coûterait la vie à plusieurs centaines de mille hommes ; le sang coulera peut-être, mais la raison dira, comme Galilée, en se relevant : *Però si muove.*

XXXVI

C'est un bonheur pour l'Europe et pour la France que celle-ci n'ait point d'alliés, car rien ne les sauverait d'une guerre générale. Ceux qui ont cru nuire à la cause de la liberté en nous ôtant nos alliances, ou en dénouant celles qu'ils feignaient de nouer, ont servi la liberté même. La cause des principes se trouve pure et sans mélange.

XLVI

Les peuples sont aux peuples ce qu'un homme est à un homme, des frères qui ont des droits et des devoirs réciproques. La déclaration des droits des nations est la même que la déclaration des droits de l'homme : *Liberté, sûreté, propriété, égalité et résistance à l'oppresssion,* voilà le droit public. Cette vérité est prématurée, mais c'est une vérité. La France a fait la constitution d'un peuple : par les mêmes principes on fera un jour la constitution des peuples.

LIV

Pourquoi les rois qui veulent faire la guerre ne le disent-ils pas franchement ? Pourquoi cherchent-ils des prétextes qui ne trompent personne ? Pourquoi les ministres se conduisent-ils comme des procureurs? C'est un beau spectacle pour ceux qui lisent la gazette, c'est-à-dire pour tout le monde, que de voir les maîtres des hommes et les *représentants de Dieu* se creuser l'esprit pour raffiner un mensonge. Dites la chose comme elle est : c'est ici la guerre des rois, des prêtres et des nobles contre les hommes.

LVI

Toute la politique de la France est désormais dans la propagation des lumières et dans la liberté de la presse. Le livre de l'alphabet sera l'instituteur de la génération qui arrive, et les écoles primaires de France seront l'école du genre humain.

LIX

Nous, qui ne sommes que peuple, mais qui payons la guerre de notre bien et de notre sang, nous ne cesserons de dire aux rois que les guerres ne sont bonnes que pour eux ; que ce sont jeux de princes, qui ne plaisent qu'à ceux qui les font ; que les véritables et justes conquêtes sont celles que chacun fait chez soi en soulageant le paysan, en favorisant l'agriculture, en multipliant les hommes et les autres productions de la nature ; qu'ainsi seulement les rois peuvent se dire l'image de Dieu, dont la volonté continuée crée toujours. Si les rois continuent de nous faire battre et tuer en uniforme, nous continuerons d'écrire et de parler jusqu'à ce que les peuples soient revenus de leur folie; et, si les rois persistent encore, nous irons sur le champ de bataille, nous écrirons notre pétition sur un tas de cadavres avec le sang des mourants et nous la leur ferons présenter par cinquante mille veuves et cent mille orphelins.

LXII

Si le corps robuste de la France résiste à sa révolution, l'on ne verra plus ces armées si grandes avec lesquelles on fait des choses si petites. On imitera l'exemple des Français; et, sous cet aspect, comme sous plusieurs autres, la révolution de France aura épargné le sang des hommes et préparé la conservation et le perfectionnement de l'espèce humaine. Les rois eux-mêmes seront tout surpris de se trouver plus forts et plus riches, lorsqu'ils ne seront plus obligés d'enlever chacun deux cent mille jeunes gens à la charrue, de sacrifier la fleur de leurs États, et de tuer la postérité.

LXIII

L'HISTOIRE de la révolution de France est un recueil de prophéties.

LAZARE CARNOT

(1754-1823)

—

*Rapport sur la réunion de Monaco et autres pays au terri-
toire de la République*, présenté au Comité diplomatique
le 13 février 1793, et à la Convention nationale le
14 février.
Dans la *Correspondance générale de Carnot*, éd. Charavay,
1892, in-4°, t. I, p. 363-370.

Extraits :

Les nations sont entre elles, dans l'ordre politique,
ce que sont entre eux les individus dans l'ordre
social. Elles ont, comme eux, leurs droits respectifs ;
ces droits sont l'indépendance, la sûreté au dehors,
l'unité au dedans, l'honneur national, tous ces intérêts majeurs, en un mot, qu'un peuple ne saurait
perdre qu'arrachés par la force et qu'il peut toujours reprendre quand l'occasion lui est offerte ;
or la loi naturelle veut qu'on respecte ces droits,
qu'on s'aide même mutuellement à les défendre
tant que, par ces secours ou ces ménagements réciproques, on ne compromet pas les siens propres.

Sans doute, cette justice innée, qui n'est autre
chose que la conformité de l'acte à la loi naturelle,

n'obligea jamais personne à sacrifier sa propre sûreté pour celle de son voisin ; mais elle voulut que, nos intérêts essentiels une fois à couvert, nous n'attaquassions point gratuitement ceux des autres ; elle voulut même que nous les aidassions à les soutenir contre l'ambition, le despotisme et la dépravation des principes...

Je puis donc conclure :

1º Toute mesure politique est légitime dès qu'elle est commandée par le salut de l'État ;

2º Tout acte qui blesse les intérêts d'autrui sans nécessité indispensable pour soi-même est injuste.

J'applique maintenant ces maximes aux réunions, séparations et mutations quelconques de territoire :

« Aucune réunion, augmentation, diminution ou mutation quelconque de territoire ne peut avoir lieu dans l'étendue de la République sans qu'il soit reconnu : 1º que cette mutation n'a rien de contraire aux intérêts de l'État ; 2º que les communes que regarde cette mutation l'ont demandée par l'émission d'un vœu libre et formel, ou que la sûreté générale de la République la rend indispensable... »

Dans le système de la république universelle, cette réunion pourrait paraître exister de droit, mais, sans énoncer aucune opinion à ce sujet, j'observerai qu'en supposant démontrée la possibilité de cette république universelle, le moyen le plus simple d'y parvenir serait sans doute moins

de nous étendre de toutes parts avec précipitation
et sans assurer notre marche, que d'établir dans le
cercle que la nature nous a tracé, entre les fleuves
et les chaînes de montagnes, une prospérité dont
le tableau pût fixer les désirs des peuples circon-
voisins et les entraîner à l'imitation par le charme
de la félicité publique.

Dire que la souveraineté réside dans l'universalité du genre humain, c'est dire que la France
n'est qu'une portion du souverain, qu'elle n'a pas
le droit par conséquent d'établir chez elle les lois
qui lui conviennent ; et nous avons pour principe,
au contraire, que tout peuple, quelle que soit
l'exiguïté du pays qu'il habite, est absolument
maître chez lui, qu'il est égal en droits au plus
grand, et que nul autre ne peut légitimement
attenter à son indépendance, à moins que la sienne
propre ne se trouve visiblement compromise.

En nous faisant une loi d'admettre ainsi à réunion tous ceux qui le désireraient ou paraîtraient
le désirer, nous nous exposerions à voir bientôt
venir siéger parmi nous nos plus implacables
ennemis ; car, après avoir obtenu leur incorpora-
tion et par conséquent le droit de représentation
à la diète française, par les démonstrations d'une
fraternité peut-être simulée, rien ne pourrait les
empêcher d'apporter dans le sein du Corps législatif une masse d'opinions anti-populaires, qui
replongeraient la République dans le chaos et la
confusion des principes...

Puisque la souveraineté appartient à tous les peuples, il ne peut y avoir de communauté ou de réunion entre eux qu'en vertu d'une transaction formelle et libre ; aucun d'eux n'a le droit d'assujettir l'autre à des lois communes sans son exprès consentement. Ce consentement même ne saurait les priver du droit de revenir, lorsqu'ils le veulent, à leur première indépendance, parce que la liberté et la souveraineté sont inaliénables ; tel est le principe qui établit entre les nations la même égalité de droits qu'entre les individus, d'où il suit qu'en thèse générale aucune réunion de territoire ne peut être prononcée sans le contrat formel d'adhésion des parties qu'elle intéresse.

Une seule exception modifie cette règle générale, c'est celle que peut entraîner le danger imminent de l'une des parties contractantes ; car « toute mesure publique est légitime, dès qu'elle est commandée par le salut de l'État ».

Notre principe est sans doute de n'imposer la loi à aucun peuple de la terre, mais un principe antérieur à celui-là est d'empêcher qu'aucun peuple ne nous l'impose à nous-mêmes ; or ce serait nous laisser imposer la loi que de souffrir qu'on nous enlevât les moyens de défendre efficacement nos frontières ; ce serait recevoir la loi et la plus désastreuse de toutes les lois, que de consentir à ce qu'il fût porté atteinte à l'indivisibilité de la République. Il est donc évident que si nous ne pouvions éviter de pareils malheurs sans froisser les intérêts de quelques-uns de nos voisins, ce serait, de notre part, non une injustice de le faire, mais un devoir rigoureux...

Mais qui jugera, vous dira-t-on, de ces grands intérêts? Qui empêchera que, sous le prétexte banal du salut du peuple, vous ne violiez sans nécessité tous les droits individuels des nations étrangères?

Autant vaudrait vous demander : qu'est-ce qui vous rend juge du danger que vous courez lorsque vous voyez la hache levée sur votre tête? Le droit de juger soi-même du péril où l'on se trouve et de s'en sauver aux dépens de qui il appartient est né avec chacun de nous, c'est la loi de nature.

Que l'honneur national, que la générosité française soit pour tous les peuples de la terre le garant certain de la justice que vous leur devez et que vous voulez leur rendre; que ces sentiments sublimes, en brisant les fers des nations opprimées, surpassent leurs espérances et leurs désirs.

Les limites anciennes et naturelles de la France sont le Rhin, les Alpes et les Pyrénées; les parties qui en ont été démembrées ne l'ont été que par usurpation : il n'y aurait donc, suivant les règles ordinaires, nulle injustice à les reprendre; il n'y aurait nulle ambition à reconnaître pour frères ceux qui le furent jadis, à rétablir les liens qui ne furent brisés que par l'ambition elle-même.

Mais ces prétentions diplomatiques, fondées sur les possessions anciennes, sont nulles à nos yeux comme à ceux de la raison. Le droit invariable de chaque nation est de vivre isolée, s'il lui plaît, ou de s'unir à d'autres, si elles le veulent, pour l'intérêt commun; nous, Français, ne connaissons de souverains que les peuples eux-mêmes; notre système n'est point la domination, c'est la fraternité.

DEUXIÈME SÉRIE

—

XIXe SIÈCLE

—

V

APRÈS LA CHUTE DE L'EMPIRE MILITAIRE,

ET EN RÉACTION CONTRE LUI,

UNE RÉORGANISATION PACIFIQUE

DE L'EUROPE

EST CONÇUE ET RÉCLAMÉE

PAR LES THÉORICIENS FRANÇAIS,

FONDATEURS DU SOCIALISME.

SAINT-SIMON;

PECQUEUR; — CONSIDÉRANT.

HENRI DE SAINT-SIMON
(1760-1825)

ET

AUGUSTIN THIERRY
(1795-1856)

—

De la réorganisation de la Société Européenne, ou de la nécessité et des moyens de rassembler les peuples de l'Europe en un seul corps politique, en conservant à chacun son indépendance nationale. Par M. le Comte de Saint-Simon et par A. Thierry, son élève. — Delaunay, Palais-Royal, octobre 1814.

[Louis XVIII était entré à Paris le 3 mai; la paix avec l'Europe fut signée le 30 mai; la Charte fut octroyée le 4 juin.]

Extraits :

De la dédicace :

AUX PARLEMENS DE FRANCE ET D'ANGLETERRE :

Messeigneurs,

L'Europe a formé autrefois une société confédérative unie par des institutions communes, soumise à un gouvernement général qui était aux peuples ce que les gouvernemens nationaux sont aux individus : un pareil ordre de choses est le seul qui puisse tout réparer.

Je ne prétends pas sans doute qu'on tire de la poussière cette vieille organisation qui fatigue encore l'Europe de ses débris inutiles : le dix-neuvième siècle est trop loin du treizième. Une constitution, forte par elle-même, appuyée sur des principes puisés dans la nature des choses et indépendans des croyances qui passent et des opinions qui n'ont qu'un temps : voilà ce qui convient à l'Europe, voilà ce que je propose aujourd'hui.

. . . .

Aujourd'hui que la France peut se joindre à l'Angleterre, pour être l'appui des principes libéraux, il ne reste plus qu'à unir leurs forces et à les faire agir, pour que l'Europe se réorganise.

Cette union est possible, puisque la France est libre ainsi que l'Angleterre ; cette union est nécessaire, car elle seule peut assurer la tranquillité des deux pays, et les sauver des maux qui les menacent ; cette union peut changer l'état de l'Europe, car l'Angleterre et la France unies sont plus fortes que le reste de l'Europe.

Tout ce que peut celui qui écrit, c'est de montrer ce qui est utile ; l'exécuter n'appartient qu'à ceux qui ont en main la puissance.

Messeigneurs, vous seuls pouvez hâter cette révolution de l'Europe...

(p. xv-xvii).

Du livre I, chap. II :

Un congrès est assemblé maintenant à Vienne : que fera-t-il? que pourra-t-il faire? C'est ce que je vais examiner.

Rétablir la paix entre les puissances de l'Europe, en réglant les prétentions de chacune et en conciliant les intérêts de toutes, tel est le but de ce congrès. Doit-on espérer que ce but soit atteint? Je ne le pense pas, et voici sur quelles raisons je fonde cette conjecture.

Aucun des membres du congrès ne sera chargé de considérer les choses du point de vue d'intérêt général; nul n'y sera même autorisé. Chacun, député d'un roi ou d'un peuple, dépendant de lui, tenant tout de lui, ses droits, ses pouvoirs, sa mission, viendra présenter le plan de politique particulière de la puissance qu'il représentera, et démontrer que ce plan convient aux intérêts de tous.

De tous les côtés, l'intérêt particulier sera donné pour mesure de l'intérêt général. L'Autriche cherchera à persuader qu'il importe au repos de l'Europe qu'elle ait en Italie une grande prépondérance; qu'elle conserve la Gallicie et les Provinces Illyriennes; que sa suprématie sur toute l'Allemagne lui soit rendue; la Suède établira, carte géographique en main, que c'est la nature qui veut que la Norwège soit sous sa dépendance; la France réclamera le Rhin et les Alpes, comme limites naturelles; l'Angleterre se prétendra chargée, par la nature, de la police des mers, et voudra qu'on regarde le despotisme qu'elle y exerce, comme le fondement le plus inébranlable du système politique.

Ces prétentions, présentées avec assurance, avec bonne foi peut-être, sous le nom de moyens d'assurer la paix de l'Europe, et soutenues de tout le talent des Talleyrand, des Metternich et des Castelreagh *(sic)*, ne persuaderont cependant personne. Chaque proposition sera rejetée; car personne, hors celui qui l'aura faite, n'y voyant son intérêt propre, n'y verra l'intérêt commun...

Assemblez congrès sur congrès, multipliez les traités, les conventions, les accommodemens, tout ce que vous ferez n'aboutira qu'à la guerre, vous ne la détruirez point, vous pourrez tout au plus la faire changer de lieu...

L'Europe est dans un état violent, tous le savent, tous le disent; mais cet état, quel est-il? d'où vient-il? a-t-il toujours duré? est-il possible qu'il cesse? Ces questions sont encore sans réponse.

Il en est des liens politiques comme des liens sociaux : c'est par des moyens semblables que doit s'assurer la solidité des uns et des autres. A toute réunion de peuples comme à toute réunion d'hommes, il faut des institutions communes, il faut une organisation : hors de là, tout se décide par la force.

Vouloir que l'Europe soit en paix par des traités et des congrès, c'est vouloir qu'un corps social subsiste par des conventions et des accords; des deux côtés il faut une force coactive qui unisse les volontés, concerte les mouvemens, rende les intérêts communs et les engagemens solides.

Nous affectons un mépris superbe pour les siècles qu'on appelle du moyen âge ; nous n'y voyons qu'un temps de barbarie stupide, d'ignorance grossière, de superstitions dégoûtantes, et nous ne faisons pas attention que c'est le seul temps où le système politique de l'Europe ait été fondé sur sa véritable base, sur une organisation générale.

A peine la révolution de Luther eut-elle fait tomber le pouvoir politique du clergé, que Charles-Quint conçut ce projet de domination universelle, que tentèrent après lui Philippe II, Louis XIV, Napoléon et le peuple anglais, et que des guerres de religion s'élevèrent, qui furent terminées par la guerre de Trente ans, la plus longue de toutes les guerres.

Malgré tant d'exemples si frappans, le préjugé a été tel que les plus grands talens n'ont pu lutter contre lui. Tous ne font dater que du seizième siècle le système politique de l'Europe ; tous ont regardé le traité de Westphalie comme le vrai fondement de ce système.

Et pourtant il suffisait d'examiner ce qui s'est passé depuis ce temps, pour sentir que l'équilibre des puissances est la combinaison la plus fausse qui puisse être faite, puisque la paix en était le but et qu'elle n'a produit que des guerres, et quelles guerres !

Deux hommes seuls ont vu le mal et ont approché du remède, ce furent Henri IV et l'abbé de Saint-Pierre ; mais l'un mourut avant d'avoir achevé son dessein qui fut oublié après lui ; l'autre, pour avoir promis plus qu'il ne pouvait donner, fut traité de visionnaire.

Certes, ce n'est pas une vision que l'idée de lier tous les peuples européens par une institution politique, puisque pendant six siècles un pareil ordre de choses a existé, et que pendant six siècles les guerres furent plus rares et moins terribles.

C'est à cela que se réduit le projet de l'abbé de Saint-Pierre, dépouillé de cet appareil gigantesque qui l'a rendu ridicule. C'est par un gouvernement confédératif, commun à toutes les nations de l'Europe, qu'il avait espéré d'y faire régner son impraticable paix perpétuelle.

Cette combinaison, chimérique dans ses résultats, imparfaite même et vicieuse par sa nature, est pourtant la conception la plus forte qui ait été produite depuis le quinzième siècle...

(p. 21-26).

Du chap. III :

... Le premier effet de la Constitution de l'abbé de Saint-Pierre, en supposant qu'elle fût possible, était de perpétuer en Europe l'ordre de choses existant au moment où elle eût été établie. Dès lors les restes de la féodalité qui subsistaient encore devenaient indestructibles. Bien plus, elle favorisait l'abus du pouvoir en rendant la puissance des souverains plus redoutable aux peuples, et en ôtant à ceux-ci toute ressource contre la tyrannie. En un mot, cette organisation prétendue ne devait être autre chose qu'une garantie réciproque entre les princes de conserver le pouvoir arbitraire...

Toute organisation politique, ainsi que toute organisation sociale, a ses principes fondamentaux qui sont son essence, et sans lesquels elle ne peut ni subsister, ni produire les effets qu'on attend d'elle.

Ces principes, sur lesquels l'organisation papale était fondée, ont été méconnus de l'abbé de Saint-Pierre ; on peut les réduire à quatre :

1° Toute organisation politique instituée pour lier ensemble plusieurs peuples, en conservant à chacun son indépendance nationale, doit être *systématiquement homogène*, c'est-à-dire que toutes les institutions doivent y être des conséquences d'une conception unique, et que par conséquent le gouvernement, à tous ses degrés, doit avoir une forme semblable ;

2° Le gouvernement général doit être entièrement indépendant des gouvernemens nationaux ;

3° Ceux qui composent le gouvernement général doivent être portés par leur position à avoir des vues générales, à s'occuper spécialement des intérêts généraux ;

4° Ils doivent être forts d'une puissance qui

réside en eux, et qui né doive rien à aucune force étrangère : cette puissance est l'opinion publique.

L'organisation papale était fondée sur ces principes et c'est ce qui fait qu'elle a été utile ; mais l'ignorance du temps n'avait pas permis le bon emploi de ces principes, et c'est ce qui la rendait vicieuse...

(p. 29-31).

Du livre II, chap. 1er *(De la nouvelle organisation de la Société Européenne)* :

... Que partout dans l'ancienne organisation on mette la forme de gouvernement parlementaire à la place de la forme hiérarchique ou féodale, par cette simple substitution on obtiendra une organisation nouvelle plus parfaite que la première, et non plus passagère comme elle, puisque sa bonté ne résultera point d'un certain état de l'esprit humain qui doit changer avec le temps, mais de la nature des choses qui ne varie jamais.

Ainsi, en résumant tout ce que j'ai dit jusqu'ici, *l'Europe aurait la meilleure organisation possible, si toutes les nations qu'elle renferme, étant gouvernées chacune par un parlement, reconnaissaient la suprématie d'un parlement général placé au-dessus de tous les gouvernemens nationaux et investi du pouvoir de juger leurs différens.*

Du chap. II :

Tout homme né dans un pays quelconque, citoyen d'un État quelconque, contracte toujours par son éducation, par ses relations, par les exemples qui lui sont offerts, certaines habitudes plus ou moins profondes d'étendre ses vues au-délà des limites de son bien-être personnel et de confondre son intérêt propre dans l'intérêt de la société dont il est membre.

De cette habitude fortifiée et tournée en sentiment, résulte une tendance à généraliser ses intérêts, c'est-à-dire à les voir toujours renfermés dans l'intérêt commun : ce penchant qui s'affaiblit quelquefois, mais qui ne s'anéantit jamais, est ce qu'on appelle le patriotisme.

Dans tout gouvernement national, s'il est bon, le patriotisme que chaque individu apporte en lui à l'instant qu'il en est fait membre, se change en esprit ou en volonté de corps, puisque l'attribut nécessaire d'un bon gouvernement est que l'intérêt des gouvernemens soit aussi l'intérêt de la nation.

C'est cette volonté de corps qui est l'âme du gouvernement, qui fait que toutes les actions y sont unies et tous les mouvemens concertés, que tout marche vers un même but, que tout répond au même mobile.

Il en est du Gouvernement européen comme des Gouvernemens nationaux : il ne peut avoir d'action sans une volonté commune à tous ses membres.

Or, cette volonté de corps qui, dans un Gouvernement national, naît du patriotisme national, dans le Gouvernement européen ne peut provenir que d'une plus grande généralité de vues, d'un senti-

ment plus étendu, qu'on peut appeler le patriotisme européen.

C'est l'institution qui forme les hommes, dit
Montesquieu; ainsi, ce penchant qui fait sortir le
patriotisme hors des bornes de la patrie, cette
habitude de considérer les intérêts de l'Europe, au
lieu des intérêts nationaux, sera, pour ceux qui
doivent former le parlement européen, un fruit
nécessaire de son établissement.

(p. 51-53).

De la conclusion :

..... Il eût été souhaitable, sans doute, que le
projet de réorganisation de la société européenne
eût été conçu par un des souverains les plus puis-
sans, ou du moins par un homme d'État versé dans
les affaires, et célèbre par ses talens en politique.
Ce projet, soutenu d'un grand pouvoir, ou d'une
grande renommée, aurait plus promptement attiré
les esprits; mais la faiblesse de l'intelligence humaine ne permettait point aux choses de suivre
cette allure. Ceux qui, dans les opérations qu'ils
dirigeaient tous les jours, étaient contraints, par la
force des choses, de rapporter tous leurs raisonne-
mens aux principes de l'ancien système qu'on
maintenait, faute d'un meilleur, pouvaient-ils marcher en même temps dans deux routes contraires;
et tandis que leur attention était ramenée sans
cesse vers le vieux système et les combinaisons
anciennes, concevoir et porter dans leur esprit un

système nouveau et des combinaisons nouvelles ?

Après de grands efforts et de grands travaux, je me suis placé au point de vue d'intérêt commun des peuples européens. Ce point est le seul duquel on puisse apercevoir et les maux qui nous menacent, et les moyens d'éviter ces maux. Que ceux qui dirigent les affaires s'élèvent à la même hauteur que moi, et tous verront ce que j'ai vu.

. . . .

Il viendra sans doute un temps où tous les peuples de l'Europe sentiront qu'il faut régler les points d'intérêt général, avant de descendre aux intérêts nationaux ; alors les maux commenceront à devenir moindres, les troubles à s'apaiser, les guerres à s'éteindre ; c'est là que nous tendons sans cesse, c'est là que le cours de l'esprit humain nous emporte ; mais lequel est le plus digne de la prudence de l'homme, ou de s'y traîner, ou d'y courir ?

L'imagination des poètes a placé l'âge d'or au berceau de l'espèce humaine parmi l'ignorance et la grossièreté des premiers temps : c'était bien plutôt l'âge de fer qu'il fallait y reléguer. L'âge d'or du genre humain n'est point derrière nous, il est au-devant, il est dans la perfection de l'ordre social ; nos pères ne l'ont point vu, nos enfans y arriveront un jour : c'est à nous de leur en frayer la route.

(p. 109-112).

CONSTANTIN PECQUEUR
(1801-1887)

—

*Des intérêts du commerce, de l'industrie et de l'agricul-
ture, et de la civilisation en général, sous l'influence des
applications de la vapeur.* Paris, Desessart, 1839,

Chap. xxv. *La Fusion européenne ou Fédération des
peuples.*

Extraits :

Toute la série d'influences que nous avons recon-
nues... est grosse d'une conclusion capitale vraiment faite pour réjouir et exalter : la fusion européenne, la fédération des nations de ce continent
sous l'unité morale et politique d'un congrès général; en un mot, une union analogue à celle des
Etats-Unis d'Amérique, agrandie de toute l'importance que lui vaudraient la grandeur et la célébrité
du groupe fameux des nouvelles nations fédérées
qui constitueraient cette union.

L'association *européenne*, l'association *universelle*
même, n'est point un rêve à jamais insensé. Le
rêve, c'est de vouloir la proclamer solennellement
et comme *a priori*. Les penseurs oublient qu'ils ne
sont que les *éclaireurs* de l'humanité... Ils lui

frayent, il est vrai, les voies de l'avenir, ils lui donnent, pour ainsi dire, la *carte des lieux*, par leurs utopies et leurs inspirations, mais elle se charge de faire elle-même la *trouée*...

Les vieilles sociétés, comme les vieux chênes..., s'en vont sans qu'on sache quand ils finissent...

Il en sera de l'association universelle des peuples comme de l'association industrielle nationale ou domestique : elle ne se fera nullement comme l'imaginent les hommes à système ; elle ne se fera pas d'emblée avec choix et décision unanime, ni d'une manière uniforme. Qui pourrait dire comment sont nés et d'où viennent les précédents actuels de l'esprit d'association ? Quel est le philosophe qui a inventé cet esprit à tel jour ? Aucun, mais beaucoup l'ont reconnu dès qu'il s'est montré dans le fait ; et cette apparition première vient de Dieu ; elle est providentielle : c'est le germe que Dieu dépose pour rendre le progrès possible. Cet esprit va se généralisant, aspirant çà et là des conceptions, des moyens, et appelant toutes choses à un tel aboutissant, qu'un jour il n'y ait plus d'issue pour aucun intérêt, autrement que par des combinaisons de ce genre.

On a mal compris le sens de ce mot *association*, *unité universelle*... Il y a tendance à l'universalisation, à *l'unité ;* mais on fait une grande abstraction quand on parle comme si cette tendance allait aboutir à une doctrine absolue et invariable, définitive, au delà de laquelle il n'y ait plus rien ;

tandis que cette tendance est incessante, et qu'après être arrivée à un but, l'humanité se remet en mouvement vers un autre plus avancé, et que la Providence lui crie sans cesse : Marche ! marche ! marche ! sans que nul puisse dire où et quand la Providence cessera de crier.

Voilà pourquoi l'unité de doctrine, de mœurs, de procédés et de formes, en un mot *l'unité* UNIFORME est une chimère.

... La loi est que ceux qui sont en avant aident et forcent, au besoin, les retardataires à s'élever; tandis qu'eux-mêmes ils continueront le mouvement *en avant*...

Trois groupes sont à distinguer pour longtemps encore entre les nations européennes :

1º Groupe des nations les plus avancées, les plus libres, les plus riches : Etats-Unis, France, Angleterre et Belgique.

2º Nations féodales ou conservatrices : Russie, Autriche, Prusse, Hollande, Turquie.

3º Nations intermédiaires entre le libéralisme et le despotisme, entre le mouvement et la conservation ou l'immobilité : Italie, Espagne, Portugal, etc...

(t. II, p. 401-416).

Les nations, tout comme les individus, ont leurs passions qui parfois les emportent et rendent leur volonté farouche, aveugle, sourde aux remontrances de la raison. Ces passions parlent souvent plus haut que les intérêts. D'ailleurs il y a plusieurs genres d'intérêts : l'amour du bien, la sainte ferveur pour ses croyances religieuses, pour la vérité et la justice, donnent aux nations, comme aux individus, une sainte exaltation et leur suggère des sacrifices dans lesquels la perte des richesses compte pour peu, puisque l'on ne craint pas celle de la vie même...

Si donc quelque peuple se livre à quelque mouvement cruel, à quelque méfait barbare, ou persiste dans des coutumes rétrogrades, on peut être 'sûr que quelque nation se chargera tôt ou tard du châtiment à ses risques et périls, envers et contre tous, si jamais la majorité des nations alors se trouvait (par impossible, suivant nous) ravalée vers le mal, jusqu'à soutenir une cause pareille.

Dans la plupart des cas, nul doute, la cause injuste aura contre elle la majorité des nations et la force ; et, si elle appelle l'action guerrière, celle-ci n'ira donc pas jusqu'à détruire l'état matériel du pays envahi : car, alors qu'on est fort, on ne descend pas à ces vengeances basses ; alors il y a mille moyens de forcer la volonté ennemie, c'est même lui inspirer le retour à la justice que de se conduire avec magnanimité à son égard...

(Ibid. p. 431).

Il y a aujourd'hui pour l'Europe une *mesure commune* du bien et du mal, des droits et des devoirs réciproques : il y a, en un mot, une morale européenne, c'est celle de l'Evangile ; elle astreint les gouvernements comme les individus, et pour elle il n'y a plus de douanes...

Pourquoi les alliances actuelles des gouvernements européens ne pourraient-elles pas être considérées comme une institution tutélaire qui germe et s'essaye ? Pourquoi n'y verrait-on pas l'origine du futur tribunal, du futur congrès pacifique des nations européennes, de *l'union fédérative des États d'Europe*, dont on pourrait voir l'analogue dans l'union des vingt-cinq États de l'Amérique du Nord ?

(Ibid., p. 433-434).

VICTOR CONSIDÉRANT

(1808-1893)

—

*De la Politique Générale et du Rôle de la France en
Europe ; suivie d'une appréciation de la marche du
gouvernement depuis juillet 1830*, par Victor Considérant. — « *Si vis pacem, para pacem* ». Paris, au bureau
de *la Phalange*, 54, rue Jacob, et chez Perrotin, libraire,
1840.

Extrait :

Du chap. ıv *(Du caractère et des intérêts de la France)*.

I

... L'Angleterre est gouvernée par une Politique
anglaise, c'est-à-dire par une Politique suivie, nationale, qui rallie tous les partis en les dominant,
et qui n'est pas compromise dans ce pays par des
revirements de Cabinet, par les triomphes alterna-
tifs des W ʰs (*sic*) ou des Tories.

... La Russ.e a de même une Politique *russe* ; elle
poursuit depuis trois siècles un But déterminé,
sans que les révolutions de palais, les conspira-
tions, les assassinats du Souverain aient jamais
compromis et puissent même compromettre jamais
la marche de cette Politique qui avance toujours
vers le But national.

... La France doit, elle aussi, sous peine de déchoir infailliblement et rapidement peut-être de son rang de grande Nation, *avoir et manifester une volonté déterminée*, une Politique *française*...

Or, une Politique nationale devant, avant tout, reposer sur les INTÉRÊTS et sur le CARACTÈRE PROPRE d'une Nation, toute la question se réduit à savoir si la Politique que nous avons signalée comme pouvant et comme devant être la Politique *française* est réellement l'expression des Intérêts de la France et du Caractère de sa Nationalité.

II

Cette Politique qui se définit par son but : *La fondation de la Paix générale et de l'Association des Nations*, est-elle conforme au Caractère national de la France ?

— Oui, répondons-nous hautement, cette Politique est conforme au caractère national de la France.

L'esprit de Domination et de Conquête n'est plus l'esprit de la France. La France veut la Liberté, le Développement et la Fraternité des Peuples, elle ne veut pas leur Oppression ; ceux même de ses enfants qui se sont rangés sous le drapeau de la Guerre ne veulent la Guerre que parce qu'ils croient que c'est *avec son épée* que la France doit fonder la Fédération des Nations et appeler tous les Peuples à l'Unité.

Si le Français est le peuple le plus *militaire* de l'Europe, il en est en même temps le plus *sociable*, et il n'y a pas de contradiction dans ces qualités ; loin de là. Ce n'est pas, en effet, un stupide amour pour la destruction et le carnage, ce ne sont point non plus des passions égoïstes ou ambitieuses qui font la puissance et la beauté du Français sur les champs de bataille, non : sa valeur militaire vient directement de la richesse et de la noblesse de son caractère, de son amour pour le Mouvement, pour la Gloire, pour les Grandes choses, de sa capacité pour l'Honneur et pour l'Enthousiasme, de son Esprit de Corps, de la disposition naturelle de l'individu à prendre le Ton de la Masse, de la facilité chevaleresque avec laquelle il se plaît à s'exposer au danger devant la Masse, enfin du plaisir tout puissant et passionné qu'il éprouve à se dévouer pour elle. Toutes ces qualités sont *sociales, éminemment sociales...*

Aucune Nation ne peut être comparée à la Nation française pour la sociabilité, pour le cosmopolitisme, pour la générosité politique, pour la libéralité envers les autres Peuples, pour la facilité à se lier avec eux, et pour ce Besoin de Justice et d'Humanité qui la presse de s'élancer au secours du faible, de l'opprimé, de toute Nation qui lutte pour sa Nationalité, pour sa Liberté ! Cherchez donc chez l'Espagnol, chez l'Italien, chez le Germain (sans parler du Russe qui se dégage à peine de la Barbarie, sans parler, bien entendu, de l'Anglais), cherchez donc sur une autre terre que la noble terre de France, cette vive, cètte bouillante sympathie pour la cause des autres Peuples, cotte magnifique Passion de dévouement dont l'expansion libre et sans règle irait certainement jusqu'au Donquichotisme social !...

En vérité ! chez quel peuple de la terre a-t-on déjà vu que la plus grande difficulté d'un Gouvernement ait été de lutter contre l'expansion d'un sentiment semblable ? [1] Peut-on citer quelque part sur le globe un Gouvernement qui ait accumulé sur sa tête les plus violentes haines et qui ait failli dix fois périr violemment pour s'être opposé à ce que la Nation allât prodiguer ses ressources, son argent, son sang sur les champs de bataille, et affrontât les chances terribles d'une guerre gigantesque ? et ce sang, et ces chances, et ces guerres, non pas dans un but de Domination et de Conquête, mais dans le but de voler au secours des Peuples qui combattaient pour leur Indépendance, et de favoriser chez tous les autres les instincts de la Liberté ? Non, non ! Les autres Peuples ont des qualités, des qualités précieuses, des qualités solides, ils ont des qualités que nous n'avons pas. Tous sont essentiellement BONS dans l'Humanité et pour l'Humanité ; mais le Français, seul, fait par caractère, par ardent Dévouement, par PASSION

---

(1) Allusion à la politique extérieure du Gouvernement de Juillet, dénoncée par le « Parti du Mouvement » comme trop pacifique.

ardente ce qu'aucun autre n'a encore fait *comme nation*, et ce que les autres ne pratiquent *comme individus* que par bienveillance ou par devoir...

... C'est pour cela que la *Politique de l'Humanité* est certainement la vraie *Politique nationale* de la France.

III

Quant à la question des *intérêts* de la France, il nous est permis de dire qu'elle est tranchée par la solution qui précède. En effet, toute autre Politique que celle qui est capable de donner satisfaction et développement au caractère national et que ce caractère exige impérieusement, toute autre Politique ne saurait avoir de fixité, de durée, d'avenir. Toute Politique qui contrariera la Nation dans ses instincts, dans ses sentiments les plus élevés, dans les nobles tendances qui constituent plus spécialement sa Nationalité et son Génie, sera toujours attaquée, toujours faible, toujours chancelante; elle provoquera incessamment et justement les haines et les colères, et amassera les ouragans et les tempêtes. Enfin, si elle était assez forte pour s'imposer et durer, ce serait déjà un bien triste signe de déclin, ce serait la réduction du Génie national en esclavage, ce serait une chute fatale sur cette pente rapide des dégradations et des dégénérescences, qui précipite vers l'anéantissement les Sociétés corrompues.

La question des *intérêts* est donc résolue, résolue

a priori, sans réplique et de haut. Mais, d'ailleurs, s'il y a au monde une proposition évidente par elle-même, quand on consent à y réfléchir..., c'est assurément que l'établissement de la Paix et de l'Association des Nations est précisément l'expression la plus large, la plus complète, l'expression synthétique, en un mot, des intérêts réels et vitaux de tous les Peuples. L'Angleterre elle-même, que la pente de sa Politique mercantile rend la plus impropre de toutes à concevoir et à désirer l'État d'Unité, l'Angleterre bondirait de joie dans sa cupidité (et à Dieu ne plaise que nous entendions dire par là que l'essor du caractère anglais soit enfermé dans une semblable sphère!), l'Angleterre bondirait de joie dans sa cupidité à l'aspect des immenses richesses dont l'Unité couvrirait la terre, et de la copieuse part que son activité puissante y saurait bien et légitimement recueillir.

Quant à la France qui, Dieu merci, ne songe plus à conquérir ses voisins, qui songe encore moins à les exploiter, l'intérêt qu'elle a à la réalisation de l'Unité, l'intérêt qu'elle a particulièrement à marcher en tête du magnifique mouvement européen, d'où ce grand fait doit sortir, ont été mis, ce nous semble, hors de contestation dans cet écrit.

IV

Longtemps il a été de principe dans la Politique des Alliances, que l'on ne devait pas les chercher *chez ses voisins ;* qu'il n'était de bonnes alliances qu'entre peuples *séparés par un ennemi commun.* L'empire des formules et la routine des vieilles idées sont si puissants dans ce siècle (dont le plus grand préjugé est de se croire affranchi de préjugés), que l'on construit encore aujourd'hui sur cet axiome, et avec le plus naïf aplomb, des Systèmes de Politique pour l'édification du public et pour l'usage de la France. Il est vrai que, sans savoir encore réfuter ces beaux Systèmes par des principes, l'instinct du pays leur est généralement contraire.

Eh ! comment ne s'aperçoit-on pas que cette Politique dont nous désignerons le principe par le mot de *Coalition à distance,* était imposée aux Nations quand la Guerre et la Conquête étaient le mobile de leur Activité ; mais qu'un pareil principe n'a plus rien de commun avec la Politique rationnelle et réelle des Nations de ce temps-ci ? En effet, grâce au développement de leur activité industrieuse et productive, celles-ci n'ont plus à se *coaliser* les unes contre les autres pour se conquérir, mais à *s'allier* pour échanger leurs produits et multiplier leurs forces de création, leurs moyens de bien-être, de vie, de liberté d'expansion et de perfectionnement social.

Quand tous les voisins étaient naturellement *ennemis,* certes il convenait de chercher ses alliés au delà de ses voisins ; mais quand les voisins ont tout intérêt à être amis, on ne voit pas pourquoi, au lieu de nouer entre, eux de bienfaisantes alliances, ils devraient se plaire à se rendre ennemis en usant du système des *Coalitions à distance*, système impropre à leurs intérêts d'amitié, puisqu'il était fait pour leurs intérêts d'hostilité. Ne ferait-on pas mieux de ne pas parler théories et principes politiques, quand on ne connaît rien ni aux principes ni aux lois qui en règlent scientifiquement, c'est-à-dire positivement, les applications?

Ce que la France doit faire c'est de multiplier ses communications, ses liens, ses rapports avec les Nations voisines. Plus de prohibitions ! plus de tarifs ! plus de douanes sur vos frontières, Nations civilisées ! Renversons les barrières qui nous séparent, licencions ces légions improductives de douaniers qui les gardent, et renvoyons ces bras robustes à l'agriculture, aux ateliers, ou formons-en nos premiers Corps d'ARMÉES INDUSTRIELLES organisées pour l'exécution des grands Travaux d'Utilité publique !

Mais, s'écrie-t-on dans cette Nation et, dans cette autre, et dans cette autre encore : « Voici que telle industrie va être compromise ; voici que telle industrie va périr, car nous ne sommes pas en condition de rivaliser sur notre sol, pour tel produit, contre telle Nation. » Cette industrie va donc périr ! Eh bien ! que voyez-vous de mal à cela ? Cette industrie ne peut pas vivre par sa

propre force sur votre sol, elle y va périr par la
liberté ! Tant mieux ! Tant mieux ! Qu'elle y pé-
risse !...

Telle contrée devra sa richesse à ses vins fameux ;
telle à ses oliviers et à ses orangers ; telle à ses
pâturages ; telle à son minerai ; et ainsi chaque
province aura besoin des autres provinces, et
chaque peuple des autres peuples, et chaque
climat, chaque continent, chaque zone, échangera
ses productions contre les productions des autres
climats, des autres continents, des autres zones ;
voilà l'ordre de la nature ou la volonté de Dieu,
qui a destiné le Globe à la *culture générale* et non
à la *dévastation*, l'Humanité à l'*Unité* et non au
Morcellement et à la *Guerre*.

Pour que l'humanité vive, il faut que son sang
circule ; le premier principe de la Société des
Peuples, aussi bien que celle des personnes, c'est
que l'individu ne puisse pas se suffire à soi-même.
La Philosophie et la Politique ont rêvé comme un
parfait idéal un Peuple qui produirait tout ce qui
lui serait nécessaire, tout ce qu'il consommerait.
Ce bel idéal n'est qu'une conception de sauvagerie,
et sa réalisation avec des industrieux serait une
monstruosité. Il n'y a pas de *peuple* si les individus
vivent dans l'isolement, il n'y a pas d'*Humanité* si
les Peuples restent dans la solitude.

Que, dans les époques guerrières, chaque État
veuille produire chez lui tout ce qui est nécessaire
à sa vie et à sa défense, qu'il s'environne d'un

triple rempart de douanes, qu'il développe artificiellement et à grand prix sur son sol des industries que la concurrence extérieure n'y eût pas souffertes, cela se conçoit; c'est une loi que la Nécessité de ces temps impose. Mais, comme nous l'avons dit au sujet des *Coalitions à distance*, la mesure qui est exigée par le Système guerrier est, par cela même, défavorable à l'établissement du Système pacifique.

Or, comme il importe que ce dernier triomphe, au lieu de maintenir à grand effort toutes ces dispositions qui, convenant à la guerre, rendent les Nations plus propres à la faire, il faut les user au plus vite.

Si vis pacem, para bellum, a-t-on dit pendant longtemps avec raison aux Nationalités divergentes, et la Politique de cette maxime ne pouvait donner qu'une paix incertaine et précaire. Sɪ vɪs ᴘᴀᴄᴇᴍ, ᴘᴀʀᴀ ᴘᴀᴄᴇᴍ! telle doit être aujourd'hui la devise de l'Humanité; car le temps est venu de constituer enfin la Paix générale sur une base inébranlable.

— Hommes d'État de l'Europe civilisée, de l'Europe chrétienne, travaillez désormais, dans les conditions d'une application sage, prudente, progressive, à rendre partout la guerre impossible; tel est l'intérêt des Peuples, telle est votre mission et tel est votre devoir.

(p. 71-79).

VI

SOUS LA MONARCHIE DE JUILLET,

LES ROMANTIQUES DÉMOCRATES

FONT DE L'UNITÉ DE L'HUMANITÉ

UN OBJET DE FOI,

ET DE LA FRATERNITÉ DES PEUPLES

UN COMMANDEMENT.

—

LAMENNAIS — LAMARTINE

EDGAR QUINET

—

LAMENNAIS
(1782-1854)

Politique à l'usage du peuple (1839).

Extraits :

Hormis quelques traîneurs que la nuit a surpris
dans le passé, personne aujourd'hui qui ne voie
clairement que toutes les fractions du genre humain
gravitent vers une grande unité, qui se constituera
tôt ou tard, parce qu'elle est le terme de ses efforts
et l'accomplissement de ses destinées terrestres.
Ce seroit donc violer une de ses premières lois et
combattre l'ordre providentiel, que de s'enclore
dans l'enceinte étroite des vieilles nationalités, dans
un patriotisme exclusif, qui n'est que l'égoïsme de
peuple à peuple. Les peuples doivent, au contraire,
se rapprocher de plus en plus, se tendre la main,
s'aider mutuellement, resserrer entre eux le lien
sacré de la fraternité universelle, sans quoi ils
gémiroient éternellement sous le poids des mêmes
maux. Et qu'est-ce que cela, sinon le développement du principe même de sociabilité que Dieu a
mis dans l'homme en le créant, magnifique don,
puisqu'il est la source d'un progrès continu sans

terme assignable. La sympathie, l'instinct naturel, la raison, l'expérience, tout, excepté les passions mauvaises, concourt à pousser les peuples dans cette voie. Ce qui les divise ou les isole, ce sont les intérêts de leurs chefs, ce ne sont pas leurs propres intérêts, liés de telle sorte par la nature même que le bien de chacun s'accroît du bien de tous, et le bien de tous du bien de chacun.

. . . .

Quand les hommes, s'aimant d'un amour de frères, se traiteront réellement et s'aideront en frères, alors, uniquement alors, disparaîtront les maux qui pèsent sur la race humaine; alors, uniquement alors, les mœurs et les lois concourant au même but, la société, au lieu d'être une arène où des intérêts exclusifs luttent avec fureur, offrira le spectacle d'une famille où nul ne connoît d'intérêt que l'intérêt de tous ; alors, uniquement alors, s'accomplira de soi-même ce que tenteroit en vain d'effectuer une contrainte violente. Et voyez, ce n'est pas seulement au sein de chaque peuple que la fraternité, devenue pratiquement la loi interne de l'homme et la loi extérieure de la société, opèrera cette union sainte; elle doit, selon les desseins de Dieu, l'opérer encore entre les peuples, destinés, eux aussi, à ne former un jour qu'une grande famille, la famille universelle du genre humain. Jour pressenti dès l'origine, jour salué de loin par tous les prophètes de l'avenir, et dont les fils d'Adam ne cessent de chercher le signe précurseur dans l'Orient mystérieux des âges, quand luira-t-il enfin sur la terre? Nous l'ignorons. Toutefois, les temps approchent, on n'en saurait douter. Déjà les nations chrétiennes, se dégageant des langes de l'antique barbarie où l'on s'efforce en vain de les retenir, appellent de tous leurs vœux une législation fondée sur le principe de la fraternité humaine, incapables désormais d'en supporter une autre; et les peuples eux-mêmes commencent partout à se reconnaître pour frères.....

Ne l'oublions pas néanmoins, chacun de nous a son devoir, un grand et sacré devoir qu'il lui est ordonné d'accomplir, au milieu de ce mouvement universel de l'humanité vers le terme qu'elle doit atteindre. Que seroit-ce en effet que la fraternité, qu'une vide maxime, un mot stérile et vain, si, dans notre sphère personnelle d'action, nous ne tendions pas sans cesse à la réaliser effectivement, si, du fond de notre cœur, l'amour fraternel ne s'épandoit comme une effusion de vie autour de nous..... Voulez-vous renouveler la face de la terre, renouvelez-vous intérieurement. Dilatez vos entrailles; qu'elles deviennent un sanctuaire d'amour, et le monde bientôt sera régénéré.

Œuvres complètes (Pagnerre, 1844); tome IX, pp. 17-18, 106-108.

LAMARTINE
(1790-1869)

Des Poèmes :

I. — UTOPIE

à M. Bouchard.
(août 1837).

Extrait :

. . . .

Il faut plonger ses sens dans le grand sens du monde,
Qu'avec l'esprit des temps notre esprit s'y confonde,
En palper chaque artère et chaque battement,
Avec l'humanité s'unir par chaque pore,
Comme un fruit qu'en ses flancs la mère porte encore,
Qui, vivant de sa vie, éprouve avant d'éclore
Son plus obscur tressaillement.

Oh ! qu'il a tressailli ce sein de notre mère,
Depuis que nous vivons, nous son germe éphémère,
Nous, parcelle sans poids de sa vaste unité !
Quelle main créatrice a touché ces entrailles ?
De quel enfantement, ô Dieu, tu la travailles !
Et toi, race d'Adam, de quels coups tu tressailles
Aux efforts de l'humanité !

. . . .

Un seul culte enchaîne le monde,
Que vivifie un seul amour ;
Son dogme, où la lumière abonde,
N'est qu'un Évangile au grand jour ;
Sa foi, sans ombre et sans emblème,
Astre éternel que Dieu lui-même
Fait grandir sur notre horizon,
N'est que l'image immense et pure
Que le miroir de la nature
Fait rayonner dans la raison.

C'est le Verbe pur du Calvaire,
Non tel qu'en terribles accents
L'écho lointain du sanctuaire
En laissa fuir le divin sens,
Mais tel qu'en ses veilles divines
Le front du Couronné d'épines
L'illuminait d'un jour soudain :
Ciel incarné dans la parole,
Dieu dont chaque homme est le symbole,
Le songe du Christ au jardin !

Cette loi qui dit à tous : « Frère »
A brisé ces divisions
Qui séparaient les fils du Père
En royaumes et nations :
Semblable au métal de Corinthe
Qui, perdant la forme et l'empreinte
Du sol ou du rocher natal,
Quand sa lave fut refroidie,
Au creuset du grand incendie
Fut fondu dans un seul métal.

Votre tête est découronnée,
Rois, césars, tyrans, dieux mortels
A qui la terre prosternée
Dressait des trônes pour autels !
Quand l'égalité fut bannie,
L'homme inventa la tyrannie
Pour qu'un seul exprimât ses droits ;
Mais au jour de Dieu qui se lève
Le sceptre tombe sur le glaive,
Nul n'est esclave, et tous sont rois !...
. . . .

(*Recueillements poétiques*, xxv).

II. — TOAST

porté dans un banquet national des Gallois et des Bretons
(Septembre 1838).

Fin :

« L'esprit des temps rejoint ce que la mer sépare :
Le titre de famille est écrit en tout lieu.
L'homme n'est plus Français, Anglais, Romain, Barbare ;
Il est concitoyen de l'empire de Dieu !
Les murs des nations s'écroulent en poussières,
Les langues de Babel retrouvent l'unité,
L'Évangile refait avec toutes ses pierres
Le temple de l'humanité !

« Réjouissons-nous donc dans le jour qu'il nous prête !
L'aube des jours nouveaux fait poindre ses rayons :
Vous serez dans les temps, monts à la verte crête,
Un Sinaï de paix entre les nations !

Sous nos pas cadencés faisons sonner la terre,
Jetons nos gants de fer, et donnons-nous la main :
C'est nous qui conduisons aux conquêtes du Père
    Les colonnes du genre humain !

« Dans le drame des temps nous avons deux grands rôles.
A nous les champs d'argile, à vous les champs amers !
Pour répandre de Dieu la semence aux deux pôles,
Creusons-nous deux sillons sur la terre et les mers !
Dans toute glèbe humaine où sa race fourmille,
Premiers-nés d'Occident, à la neuve clarté
Marchons, distribuant à l'immense famille
    Dieu, la paix et la liberté !

« Dans notre coupe pleine où l'eau du ciel déborde,
Désaltérés déjà buvons aux nations !
Iles ou continents, que l'onde entoure ou borde,
Ayez part sous le ciel à n... libations !
Oui, buvons ; et, passant notre coupe à la ronde
Aux convives nouveaux du festin éternel,
Faisons boire après nous tous les peuples du monde
    Dans le calice fraternel ! »

                        (Ibid, xv).

III. — LA MARSEILLAISE DE LA PAIX

réponse à M. Becker, auteur du « Rhin allemand »
(Mai 1841).

Extrait :

. . . .

Et pourquoi nous haïr, et mettre entre les races
Ces bornes ou ces eaux qu'abhorre l'œil de Dieu ?

De frontières au ciel voyons-nous quelques traces ?
Sa voûte a-t-elle un mur, une borne, un milieu ?
Nations ! mot pompeux pour dire barbarie,
L'amour s'arrête-t-il où s'arrêtent vos pas ?
Déchirez ces drapeaux ; une autre voix vous crie :
« L'égoïsme et la haine ont seuls une patrie ;
La fraternité n'en a pas ! »

Roule libre et royal entre nous tous, ô fleuve !
Et ne t'informe pas, dans ton cours fécondant,
Si ceux que ton flot porte, ou que ton urne abreuve,
Regardent sur tes bords l'aurore ou l'occident.

Ce ne sont plus des mers, des degrés, des rivières,
Qui bornent l'héritage entre l'humanité :
Les bornes des esprits sont leurs seules frontières ;
Le monde en s'éclairant s'élève à l'unité !
Ma patrie est partout où rayonne la France,
Où son génie éclate aux regards éblouis !
Chacun est du climat de son intelligence ;
Je suis concitoyen de toute âme qui pense ;
La vérité, c'est mon pays !

. . . .

(Poésies politiques, IV).

Des discours politiques :

Extrait du discours sur l'abolition de l'esclavage
(Chambre des députés, 10 février 1840).

Messieurs, c'est à l'union des deux peuples que
nous devons ce jour de bénédiction dans les trois

mondes ; resserrons cette alliance dans les liens de cette fraternité européenne dont vous êtes les missionnaires près de nous. Une politique mesquine et jalouse, une politique qui voudrait rétrécir le monde pour que personne n'y eût de place que nous, une politique qui prend pour inspiration les vieilles antipathies nationales, au lieu de s'inspirer des sympathies qui rappellent l'Orient et l'Occident l'un vers l'autre, cette politique, Messieurs, s'efforce en vain de briser ou de relâcher, par des tiraillements pénibles, les relations qui unissent l'Angleterre à la France. L'Angleterre et la France resteront unies ; nous sommes à nous deux le piédestal des droits du genre humain. *(Bravos prolongés)*. La liberté du monde a un pied sur le sol britannique, un pied sur le sol français ; la liberté, la civilisation pacifique s'écrouleraient une seconde fois dans des flots de sang, si nous nous séparions. Nous ne nous séparerons pas ; cette réunion en est le garant. *(On applaudit)*.

Quand les mêmes pensées se communiquent, se pénètrent ainsi à travers les langues, les intérêts, les distances ; quand les âmes de deux grands peuples sont d'intelligence par l'élite de leurs citoyens et commencent à comprendre la mission de liberté, de civilisation, de développement que la Providence leur assigne en commun ; quand cette intelligence, cette harmonie, cet accord reposent sur la base de principes éternels aussi hauts que Dieu qui les inspire, aussi impérissables que la nature, ces

peuples échappent, par la hauteur de leurs instincts, par l'énergie de leur attraction, aux dissi-
dences qui voudraient en vain les désunir. Leur
amitié, leur sympathie se rejoignent dans une sphère
de pensées et de sentiments où les dissentiments
politiques ne sauraient les atteindre ; et c'est le cas
de leur appliquer ce mot sublime de l'Evangile,
devenu le mot de la liberté : « Ce que Dieu a uni,
les hommes ne le sépareront pas. » *(On applaudit)*.

Eh ! quoi donc ! les idées ne sont-elles pas le premier des intérêts ?

Quand Washington et Lafayette, quand Bailly et
Franklin se firent un signe à travers l'Atlantique,
l'indépendance de l'Amérique, quoique contestée
par les cabinets, fut reconnue d'avance par les
nations. Quand les esprits libéraux de l'Angleterre
et de la France se tendirent la main, malgré Napoléon et la Coalition, c'était en vain que les flottes
et les armées combattaient encore ; les nations
étaient réconciliées. Les vrais plénipotentiaires des
peuples, ce sont leurs grands hommes ; les vraies
alliances, ce sont les idées. Les intérêts ont une
patrie ; les idées n'en ont point !

Cité d'après *La Politique de Lamartine*, édit. de Ron-
chaud (Hachette), tome I, pp. 264-265.

EDGAR QUINET
(1803-1875)

—

De l'unité des littératures modernes :

(Revue des Deux-Mondes, 1er août 1838) :

Extraits :

Si le temps dans lequel nous vivons a quelque valeur, ce sera assurément parce qu'il achèvera de mettre pleinement en lumière cette unité du génie des modernes. Alors que la critique continuait de tout diviser, les œuvres les plus intelligentes rapprochaient déjà les instincts des peuples. Au grand banquet social, la même coupe servait à tous. Est-il un seul écrivain de notre temps qui n'ait, à sa manière, contribué à sceller cette alliance? Qui ne voit tout ce que Gœthe doit à Voltaire et Byron à Rousseau? M. de Chateaubriand n'offre-t-il pas le mélange de l'influence anglaise et de l'esprit français, des hardiesses d'Ossian et des traditions de Port-Royal? Mme de Staël ne tient-elle pas également de Genève et de Weimar? Walter Scott n'a-t-il pas commencé sa carrière d'enchantements par la traduction d'une pièce de Gœthe? Si l'on décomposait le caractère de la plupart des contemporains, on trouverait de semblables alliances en chacun d'eux.

Pour ne parler que des étrangers, qu'est-ce que le drame de Schiller, si ce n'est l'union passionnée du système de Shakespeare et de l'esprit critique de Lessing? Qu'est-ce que la poésie de Tieck, si ce n'est un reflet de l'imagination espagnole versé dans l'âme et dans le style d'un trouvère saxon? N'est-il pas évident que l'Allemagne est mêlée à l'Italie dans Manzoni, à l'Orient dans Ruckert, à la France dans Heine, à l'Angleterre dans Shelley, Coleridge, Wordsworth, au Danemark dans Œhlenschlaeger, à la Pologne dans Mickiewicz? Les refrains de Béranger sont répétés dans le Caucase, et j'ai trouvé la métaphysique de Kant dans les roseaux de l'Eurotas.

La discussion philosophique, religieuse, littéraire n'est plus, comme dans le dix-huitième siècle, renfermée dans le salon de Mme de Tencin ou de Mme du Deffant. Elle s'agite en même temps entre Paris, Londres, Berlin, Pétersbourg et New-York. La parole vole d'un peuple à l'autre; chacun d'eux a une tâche particulière dont tous les autres ont conscience à la fois. A l'une des extrémités, les Américains domptent la nature physique et jusque-là indépendante. Peuples de pionniers, ils devancent le reste du monde au sein des forêts vierges; à l'autre bout de la chaîne, sur une terre fatiguée du poids des empires détruits, l'Orient se cherche lui-même comme un monde perdu. Et ces deux extrêmes étant aussi séparés que la jeunesse et la vieillesse, et par là incapables de se comprendre l'un l'autre, sont unis entre eux par l'intermédiaire de l'Europe, naturellement souple, multiple, communicative, inquiète, pays de paroles, de science, de bruit, de sorte que, dans ce grand corps, il n'y a plus, aujourd'hui, une fibre qui puisse être ébranlée sans que toutes les autres ne frémissent en même temps.

La Révolution française a fait éclater cette unité, l'industrie l'a développée, la poésie l'a consacrée. Qui peut calculer ce que la vue rapide de tous les climats, ainsi rapprochés et réunis en un seul, ce que l'échange instantané des formes, des traditions, et cette âme unique, dispensée au genre humain, comme à un colosse, sont capables de produire encore d'effets, d'inventions, de types même inconnus dans l'histoire? Aujourd'hui, si vous considérez un peuple en particulier, vous ne trouvez que fragments, ébauches, discordances, et le sens et l'intention de ce peuple même vous échappent. Au contraire, si vous envisagez l'ensemble, tout a un sens, une vie, une grandeur évidente. Cet état de choses est tout le contraire de ce que l'on voyait dans l'antiquité. Hors des murs de la cité étaient la barbarie et la mort. De nos jours, moins intense au sein de chaque peuple, la vie se dilate au dehors ; la barbarie n'est plus nulle part, la cité est partout.

Cette alliance venant à se resserrer, la seule barrière qui bientôt continuera de diviser profondément les peuples sera la langue. Mais le jour où cette barrière s'effacerait, la diversité nécessaire à l'unité pour former une organisation ayant disparu, on toucherait au chaos. Aussi doit-on reconnaître un instinct vraiment social dans les efforts faits récemment pour contenir chaque langue dans son génie indigène et dans les tours qui lui sont propres. Plus les esprits s'associent, plus il est nécessaire d'assujettir chaque idiome à la tradition. De là l'utilité du parti classique en France, du purisme en Italie, de la teutomanie en Allemagne. Seulement, au lieu de marquer une réaction contre l'alliance intime des idées, ces tendances ne font au contraire que la confirmer. Le problème que chaque peuple a aujourd'hui à résoudre est d'exprimer la pensée de tous, sans sortir de lui-même, question déjà résolue par le fait. L'antiquité n'a pas étouffé la vie propre dans le siècle de Louis XIV; travaillons pour que l'humanité ne l'étouffe pas davantage dans le sein de chaque peuple en particulier.

Cité d'après le recueil de Paul Gautier, *Un Prophète — Edgar Quinet* (Plon, 1917), pp. 258-261.

VII

LA RÉPUBLIQUE DE 1848,

ESSAI PRÉMATURÉ POUR FAIRE RAYONNER

HORS DE FRANCE

LE PRINCIPE DÉMOCRATIQUE,

ET L'APPLIQUER AUX RELATIONS

INTERNATIONALES.

—

GOUVERNEMENT PROVISOIRE;

ASSEMBLÉE NATIONALE.

———

Proclamation solennelle de la République à la colonne de Juillet.

Compte rendu anonyme. Dernières lignes :

Cette journée est désormais inscrite au nombre de celles qui laissent dans l'histoire les traces qu'on aime le mieux à retrouver. Ce peuple, si indigné il y a trois jours, si animé de toute la chaleur de la bataille, était là aujourd'hui tout entier..., n'éprouvant plus qu'un sentiment de concorde, et s'abandonnant à toutes les espérances d'un avenir de grandeur et de prospérité avec une confiance qui, cette fois du moins, ne sera pas trompée.

On peut le dire avec un juste orgueil, le Gouvernement, appuyé sur cette force populaire, sera le plus puissant des gouvernements. En servant la France, il servira toutes les nations de l'Europe ; le peuple de Paris a ouvert une ère nouvelle ; la République française fait reprendre à notre patrie le cours glorieux de ses destinées ; elle lui rend l'initiative du progrès ; elle vient enfin au secours du temps et des idées qui préparent peu à peu *les États unis de l'ancien continent.*

Le Moniteur universel, journal officiel de la République française. — Lundi 28 juillet 1848.

———

II

LAMARTINE
ministre des Affaires étrangères

Circulaire aux agents diplomatiques (4 mars)

Extraits :

... La révolution française vient d'entrer... dans sa période définitive. La France est République : la République française n'a pas besoin d'être reconnue pour exister. Elle est de droit naturel, elle est de droit national. Elle est la volonté d'un grand peuple qui ne demande son titre qu'à lui-même. Cependant, la République française désirant entrer dans la famille des gouvernements institués comme une puissance régulière, et non comme un phénomène perturbateur de l'ordre européen, il est convenable que vous fassiez promptement connaître au gouvernement près duquel vous êtes accrédité les principes et les tendances qui dirigeront désormais la politique extérieure du gouvernement français.

La proclamation de la République française n'est un acte d'agression contre aucune forme de gouvernement dans le monde. Les formes de gouvernement ont des diversités aussi légitimes que les diversités de caractère, de situation géographique et de développement intellectuel, moral et matériel chez les peuples. Les nations ont, comme les individus, des âges différents. Les principes qui les régissent ont des phases successives. Les gouvernements monarchiques, aristocratiques, constitutionnels, républicains, sont l'expression de ces différents degrés de maturité du génie des peuples.

. . . .

En 1792, les idées de la France et de l'Europe n'étaient pas préparées à comprendre et à accepter la grande harmonie des nations entre elles, au bénéfice du genre humain. La pensée du siècle qui finissait n'était que dans la tête de quelques philosophes. La philosophie est populaire aujourd'hui. Cinquante années de liberté de penser, de parler et d'écrire ont produit leur résultat. Les livres, les journaux, les tribunes ont opéré l'apostolat de l'intelligence européenne. La raison, rayonnant de partout, par dessus les frontières des peuples, a créé entre les esprits cette grande nationalité intellectuelle qui sera l'achèvement de la révolution française et la constitution de la fraternité internationale sur le globe.

. . . .

La République, vous le voyez, a traversé du premier pas l'ère des proscriptions et des dictatures. Elle est décidée à ne jamais voiler la liberté au dedans. Elle est décidée également à ne jamais voiler son principe démocratique au dehors. Elle ne laissera mettre la main de personne entre le rayonnement pacifique de sa liberté et le regard des peuples. Elle se proclame l'alliée intellectuelle et cordiale de tous les droits, de tous les progrès, de tous les développements légitimes d'institutions des nations qui veulent vivre du même principe que le sien. Elle ne fera point de propagande sourde ou incendiaire chez ses voisins. Elle sait qu'il n'y a de libertés durables que celles qui naissent d'elles-mêmes sur leur propre sol. Mais elle exercera, par la lueur de ses idées, par le spectacle d'ordre et de paix qu'elle espère donner au monde, le seul et honnête prosélytisme, le prosélytisme de l'estime et de la sympathie...

(Lamartine : *Trois mots au pouvoir*, 1848, p. 69-77).

III

Assemblée nationale.

———

**Séance du mardi 5 septembre. — Présidence
du citoyen Armand Marrast.**

Le citoyen Francisque Bouvet (député de l'Ain) :

. . . .

Il est bon, citoyens, que Dieu soit, pardonnez-moi
l'expression, le grand président des sociétés humaines ; car seul il est assez puissant pour être
constamment l'appui des opprimés...

Une fois le grand principe posé, comme votre
étoile polaire, vous n'avez pas eu de peine à en
déduire la fraternité évangélique dans la patrie.
Vous avez aussi proclamé, ou vous proclamerez,
sans doute, la fraternité universelle des hommes et
des nations. Peut-être ce principe lumineux vous
conduira-t-il à poser la première pierre d'une institution qui n'existe point encore dans le monde, et
qui doit être la clef de voûte du christianisme universel. Je veux parler d'une juridiction internationale, d'un grand jury ou assemblée universelle des
peuples, qui remplacerait la guerre, garantirait les
traités, règlerait les différends élevés entre les gou-

vernements, répartirait les charges de chacun d'eux pour les grands travaux d'un intérêt général. Ce serait rentrer, par la voie religieuse, dans un ordre d'idées que la vieille Église chrétienne avait conçu d'une manière vague et abstraite, dans ses conciles œcuméniques présidés par la papauté : forme colossale et imposante, au delà de laquelle le génie politique n'a plus rien à créer, mais où il peut coordonner admirablement l'activité morale et matérielle des sociétés...

(Compte rendu dans le *Moniteur universel* du 6 septembre, p. 2319).

VIII

EN 1849,
LES POSITIVISTES RÉPUBLICAINS
ÉMETTENT L'IDÉE DE LA
« RÉPUBLIQUE OCCIDENTALE »

LITTRÉ

ÉMILE LITTRÉ
(1801-1884)

—

Article du National, 1849 (24 septembre).

Idée de la République occidentale.

...Tout ce qui tend à isoler les peuples et à entretenir entre eux des hostilités est contre-révolutionnaire ; tout ce qui tend à bien faire voir qu'ils sont membres d'une patrie commune en voie de formation est progressif. Il ne faudra pas un long temps pour qu'une telle tendance soit suivie des plus heureux effets ; car, dans l'art politique, la puissance, comme la sagesse, consiste à se mettre du côté des éléments dont l'avènement est dans la loi de l'histoire.

La paix est le grand agent comme le grand but de la rénovation ; le grand agent, les trente-quatre années pacifiques qui viennent de s'écouler le prouvent aux plus incrédules ; le grand but, car son objet déterminé est d'unir tout l'Occident en une fédération où disparaîtront les derniers germes de la guerre. Aujourd'hui que la commotion de février a produit ce qu'elle avait momentanément à produire, et qu'un arrêt se fait sentir, au moins dans la propagation matérielle, on peut se rendre compte de ce qui a été obtenu : la France en république, la Prusse en monarchie constitutionnelle, l'Autriche elle-même avec une révolution derrière elle, sinon avec une charte, et l'Italie, non assez vaincue pour que le silence s'y fasse, et désormais (ce qui est capital) entrée, presqu'autant que la France elle-même, dans l'émancipation théologique. Le triomphe des rétrogrades n'a pu aller plus loin. Présentement, les armes se taisent et la discussion commence, la discussion active, inexorable, et contre laquelle nos adversaires se trouvent si faibles que leur rêve est toujours de l'interdire, et, ne le pouvant, leur consolation d'y mettre des entraves. A l'œuvre donc, démocrates de toute l'Europe ! et que le danger des persécutions soit un stimulant de plus !

Éteindre jusqu'aux dernières étincelles des hostilités internationales est au premier rang de leurs devoirs et le plus utile des services qu'ils peuvent rendre. Cet apaisement général, qui a déjà fait tant de progrès en Europe, n'en a fait nulle part autant que parmi les prolétaires français, et surtout les prolétaires parisiens, ici, comme en tout le reste, placés, par leurs sentiments, si fort au-dessus des classes qui sont supérieures par la richesse. Il ne faut jamais (cela s'est vu trop souvent sous le règne de Louis-Philippe), il ne faut jamais, dans l'intérêt d'une opposition momentanée, réveiller des préjugés qui s'effacent, attiser des haines qui disparaissent et pousser à des collisions que la force de la situation a toujours empêchées, et qui, avortant, donnent aux instigateurs le double tort de s'être trompés et d'avoir fait appel à de mauvaises et dangereuses passions. Il faut (on n'a que trop abusé de ce triste moyen contre la Restauration et la quasi-Restauration), il faut renoncer à réhabiliter la mémoire de l'empereur Napoléon, justement condamné et par le résultat immédiat et par le résultat lointain. Je sais que l'imagination populaire est encore fortement saisie par ces souvenirs ; mais il y a au fond une méprise qui, signalée, explique beaucoup de choses ; malheureusement, lors de la catastrophe finale, l'intérêt de la tyrannie rétrograde et celui de la défense nationale se trouvèrent confondûs. Toutefois, dans le nouveau milieu qui se forme, on rectifiera promptement une opinion qui tend d'elle-même à se rectifier ; l'odieux système d'oppression à l'intérieur et de spoliation à l'extérieur qui caractérisa les sept à huit dernières années de l'Empire ne peut rester longtemps encore populaire. L'impression laissée par cette époque funeste compte parmi les causes qui ont le plus entravé au dehors le mouvement de février et empêché une juste confiance dans le peuple français.

Le sentiment de la fraternité européenne grandit à mesure que la révolution se propage et que la cause démocratique fait de nouveaux prosélytes. Les contre-révolutionnaires le sentent bien, qui élèvent, tant qu'ils peuvent, des obstacles entre les peuples, se barricadent chez eux, et prennent les plus inutiles des précautions contre la plus inévitable des propagandes. Quand une armée française, en 1831, vint s'interposer entre les Hollandais et les Belges, et mettre ceux-ci à l'abri de la victoire de ceux-là, des soldats, on se le rappelle, voulurent détruire le monument de Waterloo. C'était une juste susceptibilité, mais, par cela même qu'elle est juste chez nous, elle est juste aussi chez les autres. Aux yeux de la démocratie européenne, les guerres dernières ont été de véritables guerres civiles ; et, de même que nous n'attristons pas nos villes et nos campagnes par la vue de trophées érigées en l'honneur d'une défaite des Vendéens, de même nous devons bannir les trophées qui humilient les uns sans profit pour les autres. Le monument de Waterloo sera détruit par les mains de ceux qui l'ont élevé ; mais auparavant, un tel exemple, essentiellement démocratique, sera donné par la France et suivi par le reste de l'Occident. On effacera, chez nous, les marques des victoires de l'Empire ; et, chez les autres, on effacera les marques des victoires sur l'Empire, jusqu'à ce qu'enfin un drapeau dont on conviendra réunisse sous ses plis toute la famille européenne, sans effacer les drapeaux nationaux. Car le régime positif, nécessairement historique, loin d'annuler les nationalités, rendra aux provinces mêmes une place légitime.

Le cœur saigne, en ce moment où l'anarchie est

si grande et où cependant les sentiments commencent à se faire jour, le cœur saigne quand on voit l'Italie en proie aux plus brutales violences. L'Autrichien y règne en maître ; il fusille, il pend ceux qui lui sont suspects de patriotisme, il bâtonne les hommes, il fustige les femmes, infligeant ainsi tour à tour la mort et la honte, plus cruelle que la mort. Et c'est cette Italie à qui l'Europe doit Dante et d'admirables poésies, des peintures qui rivalisent avec les plus splendides créations de l'antiquité, une musique dont le charme pénètre partout, des découvertes scientifiques qui comptent, pour une part notable, dans le commun héritage ! Certes, la royauté, flanquée des serfs septentrionaux, doit être oublieuse de tant et de si grands services rendus à l'Occident. Mais la démocratie n'arrive que pour mettre fin à de telles monstruosités ; devant ses yeux, l'oppression systématique d'un membre de la famille serait un véritable fratricide. Une profonde reconnaissance est due à chacun. Qui pourrait concevoir l'histoire de l'Occident, le progrès de nos sciences, la perfection de nos beaux-arts, l'éclat de nos littératures, le développement de notre industrie, si l'on y supprimait quelqu'un des grands organes : Italie, Espagne, France, Angleterre, Allemagne ?

Jusqu'à présent les démocrates se sont renfermés dans les limites de leurs patries respectives, se contentant d'accorder de sincères sympathies à leurs frères de tous les pays. Aujourd'hui, il importe de donner à ces sympathies une direction plus déterminée. C'est une profonde illusion de croire que l'Europe puisse demeurer en l'état où elle est. Toutes les conditions de l'ancienne organisation ont disparu ou disparaissent. Les commotions prennent une gravité et une généralité qui ne laissent plus de doute sur la voie et sur l'issue. C'est donc un thème de propagande aussi noble qu'opportun de préparer partout les esprits à la fusion démocratique qui doit s'opérer. Il est temps que des comités internationaux s'organisent. Voilà leur besogne nettement déterminée.

Ceux qui étudient avec quelque soin les connexions sociales, comprendront comment la philosophie positive, qui signale l'aboutissement nécessaire de notre grande révolution, est aussi celle qui trace la modification des rapports internationaux. Par son histoire, par ses sentiments, par ses intérêts, l'Occident est poussé vers une confédération républicaine.

(Article du *National* reproduit dans *Conservation, Révolution et Positivisme* (Ladrange, 1852), pp. 144-148.

IX

PROPHÉTIES DE
VICTOR HUGO
EXILÉ ET REVENU D'EXIL
SUR LES
« ÉTATS-UNIS D'EUROPE »

———

VICTOR HUGO
(1802-1885)

1853 (29 novembre, Jersey).

23° anniversaire de la Révolution polonaise

...Regardez, écoutez, est-ce que vraiment vous ne voyez pas que le mouvement de tout commence à devenir formidable? Le sinistre sabbat de l'absolutisme passe comme une vision de nuit. Les rangées de gibets chancellent à l'horizon, les cimetières entrevus paraissent et disparaissent, les fosses où sont les martyrs se soulèvent, tout se hâte dans ce tourbillon de ténèbres. Il semble qu'on entend ce cri mystérieux : « Hourrah ! hourrah ! les rois vont vite ! »

Proscrits, attendons l'heure. Elle va bientôt sonner, préparons-nous. Elle va sonner pour les nations, elle va sonner pour nous-mêmes. Alors, pas un cœur ne faiblira. Alors nous sortirons, nous aussi, de cette tombe qu'on appelle l'exil, nous agiterons tous les sanglants et sacrés souvenirs, et, dans les dernières profondeurs, les masses se lèveront contre les despotes, et le droit et la justice et le progrès vaincront ; car le plus auguste et le plus terrible des drapeaux, c'est le suaire dans lequel les rois ont essayé d'ensevelir la liberté !

Citoyens, du fond de cette adversité où nous sommes encore, envoyons une acclamation à l'avenir. Saluons, au-delà de toutes ces convulsions et de toutes ces guerres, saluons l'aube bénie des États-Unis d'Europe ! Oh ! ce sera là une réalisation splendide ! Plus de frontières, plus de douanes, plus de guerres, plus d'armées, plus de prolétariat, plus d'ignorance, plus de misère ; toutes les exploitations coupables supprimées, toutes les usurpations abolies ; la richesse décuplée, le problème du bien-être résolu par la science ; le travail, droit et devoir ; la concorde entre les peuples, l'amour entre les hommes, la pénalité résorbée par l'éducation ; le glaive brisé comme le sabre ; tous les droits proclamés et mis hors d'atteinte, le droit de l'homme à la souveraineté, le droit de la femme à l'égalité, le droit de l'enfant à la lumière ; la pensée, moteur unique, la matière, esclave unique ; le gouvernement résultant de la superposition des lois de la société aux lois de la nature, c'est-à-dire pas d'autre gouvernement que le droit de l'Homme ; voilà ce que sera l'Europe demain peut-être, citoyens, et ce tableau qui vous fait tressaillir de joie n'est qu'une ébauche tronquée et rapide. O proscrits, bénissons nos pères dans leurs tombes, bénissons ces dates glorieuses qui rayonnent sur ces murailles, bénissons la sainte marche des idées. Le passé appartient aux princes ; il s'appelle Barbarie ; l'avenir appartient aux peuples ; il s'appelle Humanité.

(Actes et Paroles. — Pendant l'Exil).

1869 (6 février, Guernesey).

Appel de l'Amérique en faveur de la Crète [1]

Le continent en ce moment n'appartient pas aux nations, mais aux rois.

Disons-le nettement, pour l'instant, la Grèce et la Crète n'ont plus rien à attendre de l'Europe.

Tout espoir est-il donc perdu pour elles ?

Non.

Ici la question change d'aspect. Ici se déclare, incident admirable, une phase nouvelle.

L'Europe recule, l'Amérique avance.

L'Europe refuse son rôle, l'Amérique le prend.

Abdication compensée par un avènement.

Une grande chose va se faire.

Cette république d'autrefois, la Grèce, sera soutenue et protégée par la république d'aujourd'hui, les États-Unis. Thrasybule appelle à son secours Washington. Rien de plus grand.

Washington entendra et viendra. Avant peu, le libre pavillon américain, n'en doutons pas, flottera entre Gibraltar et les Dardanelles.

C'est le point du jour. L'avenir blanchit l'horizon. La fraternité des peuples s'ébauche. Solidarité sublime.

---

(1) En 1827 déjà, à la fin d'un « Fragment d'histoire » qu'on trouvera dans *Littérature et philosophie mêlées*, Victor Hugo avait prédit que la civilisation allait « se pencher vers l'Amérique ». Cet appel, de plus de quarante ans postérieur, atteste la continuité du pressentiment du poète.

Ceci est l'arrivée du nouveau monde dans le vieux monde. Nous saluons cet avènement. Ce n'est pas seulement au secours de la Grèce que viendra l'Amérique, c'est au secours de l'Europe. L'Amérique sauvera la Grèce du démembrement et l'Europe de la honte.

Pour l'Amérique, c'est la sortie de la politique locale. C'est l'entrée dans la gloire.

Au xviiie siècle, la France a délivré l'Amérique ; au xixe siècle, l'Amérique va délivrer la Grèce. Remboursement magnifique.

Américains, vous étiez endettés envers nous de cette grande dette, la liberté ! Délivrez la Grèce, et nous vous donnons quittance. Payer à la Grèce, c'est payer à la France.

(Ibid.)

14 juillet 1870. — Guernesey.

En plantant le chêne des États-Unis d'Europe :

Semons ! — Semons le gland, et qu'il soit chêne immense !
Semons le droit ; qu'il soit bonheur, gloire et clarté !
Semons l'homme, et qu'il soit peuple ! — Semons la France,
*   Et qu'elle soit humanité !*

(Repris et paraphrasé en 42 strophes dans : *Les quatre vents de l'esprit*, III).

1872 (20 septembre, Guernesey, Hauteville-House).

Aux membres du Congrès de la Paix, à Lugano.

...A l'heure où nous sommes, la guerre vient d'achever un travail sinistre qui remet la civilisation en question. Une haine immense emplit l'avenir. Le moment semble étrange pour parler de la paix. Eh bien ! jamais ce mot : Paix, n'a pu être plus utilement prononcé qu'aujourd'hui. La paix, c'est l'inévitable but. Le genre humain marche sans cesse vers la paix, même par la guerre. Quant à moi, dès à présent, à travers la vaste animosité régnante, j'entrevois distinctement la fraternité universelle. Les heures fatales sont une claire-voie et ne peuvent empêcher le rayon divin de passer à travers elles.

Depuis deux ans, des événements considérables se sont accomplis. La France a eu des aventures ; une heureuse, sa délivrance ; une terrible, son démembrement. Dieu l'a traitée à la fois par le bonheur et par le malheur. Procédé de guérison efficace, mais inexorable. L'empire de moins, c'est le triomphe ; l'Alsace et la Lorraine de moins, c'est la catastrophe. Il y a là on ne sait quel mélange de redressement et d'abaissement. On se sent fier d'être libre et humilié d'être moindre. Telle est aujourd'hui la situation de la France qu'il faut qu'elle reste libre et redevienne grande. Le contre-coup de notre destinée atteindra la civilisation tout entière, car ce qui arrive à la France arrive au monde. De là une anxiété générale, de là une attente immense ; de là, devant tous les peuples, l'inconnu.

On s'effraie de cet inconnu. Eh bien ! je dis qu'on s'effraie à tort. Loin de craindre, il faut espérer.

Pourquoi ?

Le voici.

La France, je viens de le dire, a été délivrée et démembrée. Son démembrement a rompu l'équilibre européen, sa délivrance a fondé la République. Effrayante fracture à l'Europe ; mais avec la fracture, le remède.

Je m'explique :

L'équilibre rompu d'un continent ne peut se reformer que par une transformation. Cette transformation peut se faire en avant ou en arrière, dans le mal ou dans le bien, par le retour aux ténèbres ou par l'entrée dans l'aurore. Le dilemme suprême est posé. Désormais, il n'y a plus de possible pour l'Europe que deux avenirs : devenir Allemagne ou France, je veux dire être un empire ou être une république.

C'est ce que le solitaire fatal de Sainte-Hélène avait prédit, avec une précision étrange, il y a cinquante-deux ans, sans se douter qu'il serait l'instrument indirect de cette transformation, et qu'il y aurait un Deux-Décembre pour aggraver le Dix-Huit-Brumaire, un Sedan pour dépasser Waterloo et un Napoléon le Petit pour détruire Napoléon le Grand.

Seulement, si le côté noir de sa prophétie s'accomplissait, au lieu de l'Europe cosaque qu'il entrevoyait, nous aurions l'Europe vandale.

L'Europe empire ou l'Europe république ; l'un de ces deux avenirs est le passé.

Peut-on revivre le passé ?

Évidemment non.

Donc nous aurons l'Europe république.

Comment l'aurons-nous ?

Par une guerre ou par une révolution.

Par une guerre, si l'Allemagne y force la France.

Par une révolution, si les rois y forcent les peuples. Mais, à coup sûr, cette chose immense, la République européenne, nous l'aurons.

(Actes et Paroles. — Depuis l'Exil).

1875 (9 septembre, Paris).

Au Congrès de la Paix.

Il y a actuellement deux efforts dans la civilisation : l'un pour, l'autre contre ; l'effort de la France et l'effort de l'Allemagne. Chacune veut créer un monde. Ce que l'Allemagne veut faire, c'est l'Allemagne ; ce que la France veut faire, c'est l'Europe.

Faire l'Allemagne, c'est construire l'empire, c'est-à-dire la nuit ; faire l'Europe, c'est enfanter la démocratie, c'est-à-dire la lumière.

N'en doutez pas ; entre les deux mondes, l'un

ténébreux, l'autre radieux, l'un faux, l'autre vrai, le choix de l'avenir est fait.

L'avenir départagera l'Allemagne et la France; il rendra à l'une sa part du Danube, à l'autre sa part du Rhin, et il fera à toutes deux ce don magnifique : l'Europe, c'est-à-dire la grande république fédérale du continent.

Les rois s'allient pour se combattre, et font entre eux des traités de paix qui aboutissent à des cas de guerre; de là ces monstrueuses ententes des forces monarchiques contre tous les progrès sociaux, contre la Révolution française, contre la liberté des peuples. De là Wellington et Blücher, Pitt et Cobourg; de là ce crime, dit la Sainte-Alliance; qui dit alliance de rois dit alliance de vautours. Cette fraternité fratricide finira, et à l'Europe des Rois-Coalisés succédera l'Europe des Peuples-Unis.

Aujourd'hui? non. Demain? oui.

Donc, ayons foi et attendons l'avenir.

Pas de paix jusque-là. Je le dis avec douleur, mais avec fermeté.

La France démembrée est une calamité humaine. La France n'est pas à la France, elle est au monde; pour que la croissance humaine soit normale, il faut que la France soit entière ; une province qui manque à la France, c'est une force qui manque au progrès, c'est un organe qui manque au genre humain, c'est pourquoi la France ne peut rien concéder de la France. Sa mutilation mutile la civilisation.

D'ailleurs, il y a des fractures partout et, en ce moment, vous en entendez une crier, l'Herzégovine. Hélas ! aucun sommeil n'est possible avec des plaies comme celles-ci : la Pologne, la Crète, Metz et Strasbourg, et après des affronts comme ceux-ci : l'empire germanique rétabli en plein XIXe siècle, Paris violé par Berlin, la ville de Frédéric II insultant la ville de Voltaire, la sainteté de la force et l'équité de la violence proclamées, le progrès souffleté sur la joue de la France. On ne met point la paix là-dessus. |Pour pacifier, il faut apaiser ; pour apaiser, il faut satisfaire. La fraternité n'est pas un fait de surface. La paix n'est pas une superposition.

La paix est une résultante. On ne décrète pas plus la paix qu'on ne décrète l'aurore. Quand la conscience humaine se sent en équilibre avec la réalité sociale ; quand le morcellement des peuples a fait place à l'unité des continents ; quand l'empiètement appelé conquête et l'usurpation appelée royauté ont disparu ; quand aucune morsure n'est faite, soit à un individu, soit à une nationalité, par aucun voisinage ; quand le pauvre comprend la nécessité du travail et quand le riche en comprend la majesté ; quand le côté matière de l'homme se subordonne au côté esprit ; quand l'appétit se laisse museler par la raison ; quand à la vieille loi : prendre, succède la nouvelle loi : comprendre ;... quand aucun homme ne peut dire à aucun homme : tu es mon bétail ; quand le pasteur fait place au docteur et la bergerie (qui dit bergerie dit boucherie) à l'école; quand il y a identité entre l'honnêteté politique et l'honnêteté sociale; quand un Bonaparte n'est pas plus possible en haut qu'un Troppmann en bas; quand le prêtre se sent juge et quand le juge se sent prêtre, c'est-à-dire quand la religion est intègre et quand la justice est vraie; quand les frontières s'effacent entre une nation et une nation, et se rétablissent entre le bien et le mal; quand chaque homme se fait de sa probité une sorte de patrie intérieure; alors, de la même façon que le jour se fait, la paix se fait : le jour par le lever de l'astre, la paix par l'ascension du droit.

Tel est l'avenir. Je le salue.

(Ibid.)

X

1870-1872

LA FRANCE VAINCUE

FAIT PAR SES PHILOSOPHES

SON EXAMEN DE CONSCIENCE ;

ELLE PERSISTE DANS SON DESSEIN PACIFIQUE

D'UNE

FÉDÉRATION EUROPÉENNE.

RENAN — LITTRÉ

ERNEST RENAN

(1823-1892)

—

I

La guerre entre la France et l'Allemagne. Article publié
dans *la Revue des Deux Mondes*, en 1870 (15 septembre).

Extrait :

...Comment un effroyable événement comme celui
qui laissera autour de l'année 1870 un souvenir de
terreur a-t-il été possible? Parce que les diverses
nations européennes sont trop indépendantes les
unes des autres et n'ont personne au-dessus d'elles,
parce qu'il n'y a ni congrès, ni diète, ni tribunal
amphictyonique qui soient supérieurs aux souve-
rainetés nationales. Un tel établissement existe à
l'état virtuel, puisque l'Europe, surtout depuis 1814,
a fréquemment agi en nom collectif, appuyant ses
résolutions de la menace d'une coalition, mais ce
pouvoir central n'a pas été assez fort pour empêcher des guerres terribles. Il faut qu'il le devienne.
Le rêve des utopistes de la paix : un tribunal sans
armée pour appuyer ses décisions est une chimère;
personne ne lui obéira. D'un autre côté, l'opinion
selon laquelle la paix ne serait assurée que le jour

où une nation aurait sur les autres une supériorité
incontestée est l'inverse de la vérité ; toute nation
exerçant l'hégémonie prépare par cela seul sa ruine
en amenant la coalition de tous contre elle.

La paix ne peut être établie et maintenue que
par l'intérêt commun de l'Europe, ou, si l'on aime
mieux, par la ligue des neutres passant à une attitude comminatoire. La justice entre deux parties
consentantes n'a aucune. chance de triompher ;
mais entre dix parties consentantes la justice l'emporte, car il n'y a qu'elle qui offre une base commune d'entente, un terrain commun. La force capable de maintenir contre le plus puissant des États
une décision jugée utile au salut de la famille européenne réside donc uniquement dans le pouvoir d'in-
tervention, de médiation, de coalition des divers
États. Espérons que ce pouvoir, prenant des formes
de plus en plus concrètes et régulières, amènera dans
l'avenir un vrai congrès, périodique, sinon permanent, et sera le cœur d'États-Unis d'Europe liés
entre eux par un pacte fédéral. Aucune nation alors
n'aura le droit de s'appeler « la grande nation »,
mais il sera loisible à chacune d'être une grande
nation, à condition que ce titre elle l'attende des
autres et ne prétende pas se le décerner. C'est à
l'histoire qu'il appartiendra plus tard de spécifier
ce que chaque peuple aura fait pour l'humanité et
de désigner les pays qui, à certaines époques, ont
pu avoir sur les autres certains genres de supériorité.

De la sorte, on peut espérer que la crise épouvantable où est engagée l'humanité trouvera un moment d'arrêt. Le lendemain du jour où la faux de la mort aura été arrêtée, que devra-t-on faire? Attaquer énergiquement la cause du mal. La cause du mal a été un déplorable régime politique qui a fait dépendre l'existence d'une nation des présomptueuses vantardises de militaires bornés, des dépits et de la vanité blessée de diplomates inconsistants. Opposons à cela le régime parlementaire, un vrai gouvernement des parties sérieuses et modérées du pays, non la chimère démocratique du règne de la volonté populaire avec tous ses caprices, mais le règne de la volonté nationale, résultat des bons instincts du peuple savamment interprétés par des pensées réfléchies. Le pays n'a pas voulu la guerre; il ne la voudra jamais; il veut son développement intérieur, soit sous forme de richesse, soit sous forme de libertés publiques. Donnons à l'étranger le spectacle de la prospérité, de la liberté, du calme, de l'égalité bien entendue, et la France reprendra l'ascendant qu'elle a perdu par les imprudentes manifestations de ses militaires et de ses diplomates. La France a des principes qui, bien que critiquables et dangereux à quelques égards, sont faits pour séduire le monde, quand la France donne la première l'exemple du respect de ces principes; qu'elle présente chez elle le modèle d'un État vraiment libéral, où les droits de chacun sont garantis, d'un État bienveillant pour

les autres États, renonçant définitivement à l'idée
d'agrandissement, et tous, loin de l'attaquer, s'efforceront de l'imiter.

. . . .

La plus grande faute que pourrait commettre
l'école libérale au milieu des horreurs qui nous
assiègent, ce serait de désespérer. L'avenir est à
elle. Cette guerre, objet des malédictions futures,
est arrivée parce qu'on s'est écarté des maximes
libérales, maximes qui sont en même temps celles
de la paix et de l'union des peuples. Le funeste
désir d'une revanche, désir qui prolongerait indéfi-
niment l'extermination, sera écarté par un sage
développement de la politique libérale...

En résumé, l'immense majorité de l'espèce humaine a horreur de la guerre. Les idées vraiment
chrétiennes de douceur, de justice, de bonté con-
quièrent de plus en plus le monde. L'esprit belli-
queux ne vit plus que chez les soldats de profes-
sion, dans les classes nobles du nord de l'Allemagne
et en Russie. La démocratie ne veut pas, ne comprend pas la guerre. Le progrès de la démocratie
sera la fin du règne de ces hommes de fer, survi-
vants d'un autre âge, que notre siècle a vus avec
terreur sortir des entrailles du vieux monde germanique. Quelle que soit l'issue de la guerre actuelle, ce parti sera vaincu en Allemagne. La démocratie lui a compté les jours. J'ai des appréhen-
sions contre certaines tendances de la démocratie,
et je les ai dites, il y a un an, avec sincérité ; mais,

certes, si la démocratie se borne à débarrasser
l'espèce humaine de ceux qui, pour la satisfaction
de leurs vanités et de leurs rancunes, font égorger
des millions d'hommes, elle aura mon plein assen-
timent et ma reconnaissante sympathie.

Le principe des nationalités indépendantes n'est
pas de nature, comme plusieurs le pensent, à délivrer l'espèce humaine du fléau de la guerre ; au
contraire, j'ai toujours craint que le principe des
nationalités, substitué au doux et paternel symbole
de la légitimité, ne fît dégénérer les luttes des
peuples en exterminations de race, et ne chassât
du code du droit des gens ces tempéraments, ces
civilités qu'admettaient les petites guerres politiques et dynastiques d'autrefois. On verra la fin
de la guerre quand, au principe des nationalités,
on joindra le principe qui en est le correctif, celui
de la fédération européenne, supérieure à toutes
les nationalités, ajoutons : quand les questions
démocratiques, contre-partie des questions de politique pure et de diplomatie, reprendront leur
importance. Qu'on se rappelle 1848 ; le mouvement
français se reproduisit en secousses simultanées
dans toute l'Allemagne. Partout les chefs militaires
surent étouffer les naïves aspirations d'alors ; mais
qui sait si les pauvres gens que ces mêmes chefs
militaires mènent aujourd'hui à l'égorgement n'arriveront pas à éclairer leur conscience ? Des natu-
ralistes allemands, qui ont la prétention d'appliquer
leur science à la politique, soutiennent, avec une

froideur qui voudrait avoir l'air d'être profonde,
que la loi de la destruction des races et de la lutte
pour la vie se retrouve dans l'histoire, que la race
la plus forte chasse nécessairement la plus faible,
et que la race germanique, étant plus forte que la
race latine et la race slave, est appelée à les vaincre
et à se les subordonner. Laissons passer cette dernière prétention, quoiqu'elle pût donner lieu à bien
des réserves. N'objectons pas non plus à ces maté-
rialistes transcendants que le droit, la justice, la
morale, choses qui n'ont pas de sens dans le règne
animal, sont des lois de l'humanité; des esprits si
dégagés des vieilles idées nous répondraient probablement par un sourire. Bornons-nous à une
observation : les espèces animales ne se liguent
pas entre elles. On 'n'a jamais vu deux ou trois
espèces en danger d'être détruites former une
coalition contre leur ennemi commun; les bêtes
d'une même contrée n'ont entre elles ni alliance
ni congrès. Le principe fédératif, gardien de la
justice, est la base de l'humanité. Là est la garantie
des droits de tous; il n'y a pas de peuple européen
qui ne doive s'incliner devant un pareil tribunal.
Cette grande race germanique, bien plus réellement
grande que ne le veulent ses maladroits apologistes,
aura, certes, dans l'avenir un haut titre de plus, si
l'on peut dire que c'est sa puissante action qui aura
introduit définitivement dans le droit européen un
principe aussi essentiel. Toutes les grandes hégé-
monies militaires, celle de l'Espagne au xvie siècle,

celle de la France sous Louis XIV, celle de la France sous Napoléon, ont abouti à un prompt épuisement. Que la Prusse y prenne garde, sa politique radicale peut l'engager dans une série de complications dont il ne lui soit plus loisible de se dégager ; un œil pénétrant verrait peut-être dès à présent le nœud déjà formé de la coalition future. Les sages amis de la Prusse lui disent tout bas, non comme menace, mais comme avertissement : *Vœ victoribus !*

(Réimprimé dans *La Réforme intellectuelle et morale*, pp. 150-166).

II

Lettre à M. Strauss

16 septembre 1870.

. . . .

La paix ne peut, à ce qu'il semble, être conclue directement entre la France et l'Allemagne ; elle ne peut être l'ouvrage que de l'Europe, qui a blâmé la guerre et qui doit vouloir qu'aucun des membres de la famille européenne ne soit trop affaibli. Vous parlez à bon droit de garanties contre le retour de rêves malsains ; mais quelle garantie vaudrait celle de l'Europe, consacrant de nouveau les frontières actuelles et interdisant à qui que ce soit de songer à déplacer les bornes fixées par les anciens traités ? Toute autre solution laissera la porte ouverte à des vengeances sans fin. Que l'Europe fasse cela et elle aura posé pour l'avenir le germe de la plus féconde institution, je veux dire d'une autorité centrale, sorte de congrès des États-Unis d'Europe, jugeant les nations, s'imposant à elles, et corrigeant le principe des nationalités par le principe de fédération. Jusqu'à nos jours, cette force centrale de la communauté européenne ne s'est guère montrée en exercice que dans des coalitions passagères contre le peuple qui aspirait à une domination universelle ; il serait bon qu'une sorte de coalition permanente et préventive se formât pour le maintien des grands intérêts communs, qui sont après tout ceux de la raison et de la civilisation.

Le principe de la fédération européenne peut ainsi offrir une base de médiation semblable à celle que l'Église offrait au Moyen Age. On est parfois tenté de prêter un rôle analogue aux tendances démocratiques et à l'importance que prennent de nos jours les problèmes sociaux. Le mouvement de l'histoire contémporaine est une sorte de balancement entre les questions patriotiques d'une part, les questions démocratiques et sociales de l'autre. Ces derniers problèmes ont un côté de légitimité et seront peut-être en un sens la grande pacification de l'avenir. Il est certain que le parti démocratique, malgré ses aberrations, agite des problèmes supérieurs à la patrie ; les sectaires de ce parti se donnent la main par dessus toutes les divisions de nationalité et professent une grande indifférence pour les questions de point d'honneur, qui touchent surtout la noblesse et les militaires. Les milliers de pauvres gens qui, en ce moment, s'entretuent pour une cause qu'ils ne comprennent qu'à demi, ne se haïssent pas ; ils ont des besoins, des intérêts communs. Qu'un jour ils arrivent à s'entendre et à se donner la main malgré leurs chefs, c'est là un rêve sans doute ; on peut cependant entrevoir plus d'un biais par où la politique à outrance de la Prusse pourra servir à l'avènement d'idées qu'elle ne soupçonne pas. Il paraît difficile que cette fureur d'une poignée d'hommes, reste des vieilles aristocraties, mène longtemps à l'égorgement des masses de populations douces, arrivées à une conscience démocratique assez avancée et plus ou moins imbues d'idées économiques (pour eux saintes), dont le propre est justement de ne pas tenir compte des rivalités nationales.

(Publiée dans le *Journal des Débats*, réimprimée dans *la Réforme intellectuelle et morale*, pp. 177-180, 182-184).

ÉMILE LITTRÉ

(1801-1884)

—

De la situation que les derniers événements ont faite à l'Europe, au socialisme et à la France. — Article publié dans *la Philosophie positive*, 1871-1872 (septembre-octobre).

Extrait :

...La paix actuelle, celle que l'Allemagne vient d'imposer à la France, a pour conséquence immédiate d'augmenter énormément l'état militaire dans l'Europe ; elle tend à n'y plus laisser un individu qui ne soit pas prêt de corps et d'esprit à la guerre. Triste et détestable résultat, mais résultat inévitable ; préparation non de paix, mais de guerre.

Ce n'est pas tout. Dans la guerre que les Allemands ont faite, ils ont incendié les villages qui donnaient refuge aux troupes françaises, ils ont fusillé les hommes qui avaient un fusil sans avoir un uniforme, ils ont fait monter sur leurs trains les notables des villes et des cantons, de peur de déraillements. En un mot, systématiquement, ils ont fait de la terreur. Dans les négociations de Versailles, quand M. Thiers, au désespoir des exigences allemandes, a été sur le point de rompre les

pourparlers, M. de Bismarck lui dit que jusque-là
les Allemands avaient fait la guerre avec modéra-
tion, et que, si la guerre recommençait, elle serait
conduite avec une tout autre rigueur. Et, en effet,
il n'y a point de limite assignable aux rigueurs de
la guerre, on peut toujours pousser plus loin ces
choses-là. Ainsi la terreur est un engin de guerre
comme un fusil à aiguille ou un canon se char-
geant par la culasse. Du moment que l'élément
moral de la civilisation ne se développe pas à l'égal
de l'élément scientifique, la guerre ne peut man-
quer de prendre extension et intensité ; car la
puissance de détruire devient plus énergique et
plus systématique.

Sans être ni ravagée, ni mise à contribution
comme la France, l'Europe est malade aussi, et
malade d'un même genre de maladie ; je veux dire
qu'elle est entrée dans une phase de désorganisa-
tion dangereuse pour la paix et la sûreté. Je parle
ici en Européen, non en Français ; je mets les
intérêts de l'Europe au-dessus de ceux de ma patrie,
comme je mettrais les intérêts de l'humanité au-
dessus de ceux de l'Europe, si jusqu'à présent il
existait une humanité autrement qu'en idée. Mais,
remarquons-le bien en même temps, plus il y aura
de garanties pour le bien commun de l'Europe,
plus aussi il y en aura pour chaque membre en
particulier. Au reste, ces sentiments que j'exprime
sont ceux du XVIII° siècle, tant épris d'humanité.
« Si je savais, dit Montesquieu, quelque chose qui

« me fût utile et qui fût préjudiciable à ma famille,
« je le rejetterais de mon esprit. Si je savais quel-
« que chose qui fût utile à ma famille et qui ne le
« fût pas à ma patrie, je chercherais à l'oublier. Si
« je savais quelque chose utile à ma patrie et qui
« fût préjudiciable à l'Europe et au genre humain,
« je le regarderais comme un crime ». (*Pensées
diverses*).

J'entends par maladie la dissolution du principe
qui tendait à faire de l'Europe un grand corps
vivant d'une vie jusqu'à un certain point commune, dissolution qui la livre au jeu terrible de la
force et du hasard, sans l'élément qui, jadis, tra-
vaillait à modérer l'aveugle violence de ces deux
agents.

J'ai dit jadis. Quand, à la chute de l'empire barbare qui avait succédé à l'empire romain, les
nations modernes se constituèrent, le principe de
vie commune résida dans le catholicisme et la
papauté, dont l'autorité tempérait spirituellement
les mouvements de ce grand corps. La réforme
ayant brisé l'unité religieuse, l'idée d'équilibre, par
l'entremise de la diplomatie, intervint dans les
rapports et les guerres des différents États. En 1815,
après les bouleversements européens et la juste
défaite de Napoléon Ier, les rois, dans une intention
fort louable, mais qui, malheureusement, s'appuyait
sur un principe caduc, firent de la légitimité la
règle qui devait garantir la sûreté des trônes et
l'indépendance des nations. A son tour, la légitimité
n'ayant été respectée ni par les nations, ni par les

rois, la souveraineté populaire, c'est-à-dire le droit qu'une population a de disposer d'elle-même, essayait de se montrer en Europe et d'y prévaloir ; mais ce droit vient d'être précipité à terre et foulé aux pieds par l'Allemagne qui, malgré l'énergique et désespérée protestation de l'Alsace et de la Lorraine, s'annexe ces deux provinces et qui, malgré de non moins vives protestations, s'est annexé les Danois du Sleswig.

A l'heure présente, il ne reste donc entre les États européens ni autorité spirituelle commune, ni règle d'équilibre et de diplomatie, ni légitimité royale, ni souveraineté populaire. Tout est à vau-l'eau et présentement, ou bien la dissension poursuivra son œuvre, ou bien il surgira de la situation quelque nouveau principe de vie commune et d'union, à quoi les rois et les peuples sont aussi intéressés les uns que les autres.

Une seule chose reste, et je ne veux pas en nier l'utilité et la force, c'est la solidarité du commerce et de l'industrie entre les nations.

Tous les peuples souffrent, même ceux qui ne prennent pas part au conflit quand une guerre éclate. Cela pèse d'un certain poids, mais, comme on vient de le voir, est tout à fait insuffisant à empêcher les explosions.

Ces annexions violentes, nous autres amis de l'humanité, démocrates, socialistes, philosophes, nous les regardons comme des crimes. Elles sont l'équivalent de ce qu'était la servitude chez le vaincu dans l'antiquité. Ah ! j'avais toujours plaint profondément les hommes privés malgré eux de leur nationalité, les Polonais, les Danois du Sleswig et, dans le temps, les Vénitiens; mais je ne les avais pas assez plaints, et le sentiment de leur douleur ne m'est apparu dans toute son intensité que le jour où je fus témoin de l'angoisse des députés d'Alsace et de Lorraine demandant si l'on ne pouvait plus rien pour eux, de leur affliction devant l'inexorable nécessité, de leur protestation contre un joug détestable et de leurs adieux. Jamais cette grande et déchirante scène ne sortira de ma mémoire et l'impression en est telle que j'aime mieux être parmi les opprimés que parmi les oppresseurs.

Je n'ai point à rechercher comment les Allemands auraient dû user de leur victoire. Cela serait oiseux dans la bouche d'un autre et peu digne dans la bouche d'un Français. Tout ce que je tiens à dire, c'est qu'après cinquante-quatre ans de paix ininterrompue avec l'Allemagne, nous avons appris, à notre grand étonnement, je dois le constater, que, durant tout ce temps de calme apparent, les Allemands n'avaient pas cessé de nous considérer comme l'ennemi héréditaire (*Erbfeind*). Soit; mais sachons-le cette fois-ci et ne l'oublions pas.

En 1866, au lendemain de Sadowa, je fus fort alarmé de cette terrible explosion de guerre. Je ne le fus pas encore assez et le mal a dépassé mes craintes. Quelle ruine de belles et généreuses perspectives ! Nous qui élevions nos enfants dans l'amour des peuples et le respect des étrangers ! Il faut changer tout cela, il faut les élever dans la défiance et dans l'hostilité, il faut leur apprendre que les exercices militaires sont leur premier devoir, il faut leur inculquer qu'ils doivent toujours être prêts à tuer et à être tués, car c'est le seul moyen d'échapper au sort de l'Alsace et de la Lorraine, le plus triste des malheurs, la plus poignante des douleurs.

M. Comte avait pensé que les grandes guerres n'étaient plus possibles entre les peuples euro péens, grâce à la prépondérance des intérêts com merciaux et industriels, soutenus par le développement correspondant des intérêts intellectuels et moraux. Il s'était trompé, présumant trop de l'avancement contemporain. Qui pourrait aujourd'hui parler de désarmement, ce rêve qui, hier enco re ne paraissait pas impossible ? Les signes du temps annoncent que l'Europe entre dans une période militaire. Aucune doctrine ne le regrette plus profondément que ne fait la philosophie positive ; mais aucune doctrine n'est plus convaincue que cette perturbation, toute grave et douloureuse qu'elle doit être, ne sera qu'une perturbation, c'est-à-dire n'altérera pas le mouvement de la civilisation européenne, et que les hommes, quand ils en seront sortis, sauront et pourront fonder la paix commune sur de meilleures garanties que celles qui, aujourd'hui, tombent de tous côtés et nous livrent *aux jeux de la force et du hasard.*

(Réimprimé dans les *Fragments de Philosophie positive et de sociologie contemporaine,* 1876, p. 442-446).

XI

DANS LA TROISIÈME RÉPUBLIQUE,

DEUX FACTEURS PRÉPARENT LE PEUPLE FRANÇAIS

A VOULOIR RÉALISER UNE PACIFIQUE

SOCIÉTÉ DES NATIONS :

I° LA CROYANCE POSITIVE DES HISTORIENS

QUE LA JUSTICE INTERNATIONALE

EST FINALEMENT SANCTIONNÉE PAR LE FAIT

(ALBERT SOREL);

II° L'ASPIRATION POPULAIRE A UN

DÉVELOPPEMENT HARMONIEUX ET JUSTE.

(JAURÈS).

ALBERT SOREL

(1842-1907)

—

Précis du Droit des Gens, par Th. Funck-Brentano
et Albert Sorel. — Plon; 1877. *Introduction*, § III.

Sanction du droit des gens

Le droit des gens n'a point de codes; ses coutumes ne sont point écrites; ses contrats, qui sont
conclus en vertu de la seule coutume, sont dépour-
vus de toutes les garanties qui assurent l'exécution
des contrats du droit civil. Il n'y a point d'assimi-
lation possible entre le droit des gens que suivent
les États dans les rapports qu'ils ont ensemble et
le droit civil que suivent les citoyens de chaque
État dans leurs rapports entre eux. A l'intérieur de
chaque État, il y a des lois ou des coutumes qui
régissent tous les citoyens, et une autorité qui
oblige tous les citoyens à respecter ces lois et ces
coutumes. Dans les rapports qu'ils ont les uns avec
les autres, les États se font à eux-mêmes leurs propres coutumes, et il n'y a point en dehors d'eux et
au-dessus d'eux d'autorité qui puisse les obliger à
respecter les coutumes établies. Cette différence,
qui est essentielle, provient de la nature du droit

civil et de la nature du droit des gens. Les lois et les coutumes du droit civil sont le résultat des rapports qui existent entre des hommes qui ont les mêmes intérêts, les mêmes habitudes, les mêmes traditions ; au contraire, les coutumes du droit des gens sont le résultat des rapports qui existent entre des nations dont les besoins, les intérêts, les habitudes et les traditions diffèrent. Dans chaque nation, les hommes qui en faisaient partie ont été naturellement conduits à établir des institutions destinées à maintenir l'ordre entre eux, à terminer leurs différends, à garantir leurs conventions, à assurer le respect des lois. Il n'existe entre les États aucune institution analogue. Chaque État est juge et partie dans les conflits où ses intérêts sont engagés.

Ce serait cependant une erreur de croire que les nations et les États se trouvent entre eux à l'état de nature. Leurs rapports sont analogues à ceux qui existent dans une nation, soit entre les citoyens, soit entre les gouvernants et les gouvernés, lorsque le droit civil et le droit public, encore incertains, ne sont écrits nulle part ou ne sont garantis par aucune institution stable. Le droit des gens est un droit en voie de formation ; mais c'est un droit. On ne peut impunément en violer les principes et en méconnaître les règles ; en un mot, il a une sanction.

Cette sanction, ce n'est pas dans la guerre qu'il faut la chercher. Les États ne recourent à la guerre que par suite de l'impossibilité où ils sont de trouver une autorité supérieure qui tranche leurs différends ; ils se battent parce qu'ils ne s'entendent ni sur la nature de leurs droits, ni sur la manière dont il convient de les faire valoir ; ils se font justice à eux-mêmes, ce qui est la négation de toute idée de justice. Si la guerre était la sanction du droit des gens, le droit n'aurait pas d'autre fondement que la force, car la guerre assure nécessairement le succès du plus fort. S'il est arrivé que des États qui paraissaient les plus faibles sont parvenus à faire triompher leurs prétentions au moyen de la guerre, c'est qu'ils ont déployé des ressources militaires supérieures à celles de leurs adversaires ou qu'ils ont suppléé par des alliances aux forces qui leur manquaient. La guerre n'a jamais d'autre résultat que d'établir la supériorité de la force, et, quand elle fait triompher la cause d'un État, c'est que cette cause avait la force à son service. La guerre n'est donc point la sanction du droit des gens ; elle a besoin d'être réglée, il lui faut une sanction, elle la demande au droit des gens et ne la lui apporte pas.

Les règles du droit des gens sont analogues aux lois de l'histoire, aux lois de la politique, et, dans un autre ordre de faits, aux lois de l'hygiène ; leur sanction est la même.

Tout acte politique d'un État à l'égard d'autres États emporte nécessairement des conséquences dans les rapports de ces États. Sans doute les États sont maîtres d'agir comme il leur convient ; mais il n'est pas en leur pouvoir d'éviter que leurs actes ne produisent certains effets, et, parce que ces effets échappent le plus souvent à l'attention ou à la conscience des contemporains, ils n'en sont pas moins assurés. Si un État suit une politique violente et vexatoire à l'égard de ses voisins, il peut les contraindre à la supporter aussi longtemps qu'il demeure le plus fort, mais il provoque et excite des haines, qui éclatent tôt ou tard contre lui. Si un État conclut un traité de commerce et se sent assez fort pour imposer ses tarifs à un État plus faible, il le peut ; mais si ses calculs sont erronés, il se ruine. Si un État impose à un adversaire vaincu un traité abusif, ce n'est pas la paix qu'il fonde, mais la guerre qu'il prépare.

Comme les hommes ignorent leur avenir, ils s'imaginent volontiers que les actes politiques, qui ne sont défendus par aucune loi positive et qui ne sont interdits par aucune force organisée, sont des actes indifférents qui peuvent être commis impunément. Ils appliquent cette idée au droit des gens, sous prétexte que ce droit n'a point de code, et qu'il n'existe point de tribunaux pour le faire respecter. C'est se tromper grossièrement. Il n'y a pas d'acte politique qui puisse être commis impunément, parce qu'il n'y en a pas qui ne produise pas de conséquences. Il se peut sans doute que, dans l'espace d'une vie d'homme, le temps manque pour que ces conséquences éclatent au grand jour ; elles se manifestent plus tard, elles se manifestent infailliblement. Les hommes politiques peuvent quelquefois jouir de l'impunité, parce qu'ils meurent; les nations ne le peuvent jamais, parce qu'elles vivent toujours assez longtemps pour subir les conséquences de leurs actes. La destruction, loin de leur assurer l'impunité, est pour elles la dernière et la plus terrible conséquence de leurs aberrations ou de leurs crimes.

C'est dans cet enchaînement nécessaire des causes et des effets qu'est la sanction du droit des gens. Nulle nation, nul État n'y échappe, et l'histoire tout entière des relations des peuples n'en est que la longue et péremptoire démonstration.

JEAN JAURÈS
(1859-1914)

—

I

D'un article de *la Dépêche* du 3 janvier 1893 :

.....Si nous, socialistes français, nous étions indifférents à l'honneur, à la sécurité, à la prospérité de la France, ce n'est pas seulement un crime contre la patrie que nous commettrions, mais un crime contre l'humanité. Car la France, et une France libre, grande et forte, est nécessaire à l'humanité. C'est en France que la démocratie est parvenue à sa forme la plus logique, la République ; et, si la France baissait, la réaction monterait dans le monde. C'est en France, dans le pays de la Révolution, que le retour des tyrannies féodales ou cléricales est le plus difficile : la Belgique peut être livrée pendant des années au cléricalisme, le piétisme prussien peut essayer de s'imposer de nouveau à l'Allemagne, la France est libre jusque dans le fond de son esprit, et l'éducation rationnelle de la nation française achève cette liberté. Donc, toute diminution de la France serait une diminution de la pensée libre.

D'où vient donc qu'on essaie d'imputer à l'ensemble de notre parti une attitude aussi absurde et aussi coupable? Est-ce qu'on ne peut pas préparer le groupement international des travailleurs sans oublier la patrie? Mais la Révolution française a été tout à la fois internationaliste et patriote. Elle voulait que les victoires de la France fussent des victoires de l'humanité. Elle repoussait et abattait les tyrans, mais pour préparer l'union cordiale des peuples. Elle faisait appel, dans tous les pays où elle combattait, à tous ceux qui souffraient des tyrannies féodales et cléricales, et elle leur disait : « Venez à moi, nous sommes frères ! Plus de guerres de conquêtes ! Plus de haines de races ! Mais un groupement de peuples libres, se respectant les uns les autres, et travaillant d'un commun effort à l'extirpation des préjugés, à la grandeur de l'humanité unie. » — Et je demande si ce noble internationalisme de la Révolution française l'a empêchée de défendre le sol sacré du pays et de se dresser à toutes les frontières, le fusil au poing et le grand éclair de la *Marseillaise* dans les yeux.

Et nous aussi, socialistes français, nous voulons préparer l'union de tous les travailleurs du monde, pour protéger et émanciper le travail, pour l'acheminer à la conquête progressive du capital industriel. Nous le voulons, parce que les grands mouvements économiques et sociaux ne peuvent s'accomplir sans péril dans l'intérieur d'un seul pays, parce que la journée de huit heures, par exemple, doit être réalisée à peu près en même temps dans tous les grands pays industriels, parce qu'un peuple qui marche vers l'avenir, ne doit pas s'isoler de l'humanité. Mais en même temps, si notre pays était menacé par une coalition de despotes ou par l'emportement brutal d'un peuple cupide, nous serions des premiers à la frontière pour défendre la France dont le sang coule dans nos veines et dont le fier génie est ce qu'il y a de meilleur en nous. Qu'on cesse donc d'opposer internationalisme et patriotisme, car, dans les esprits un peu étendus et dans les consciences un peu hautes, ces deux choses se concilient.

(Reproduit dans l'*Action socialiste* (G. Bellais, 1890), pp. 372-374).

II

De l'*Armée Nouvelle*, chap. X. — 1910.

.....Il n'y a que trois manières d'échapper à la patrie, à la loi des patries. Ou bien il faut dissoudre chaque groupement historique en groupements minuscules, sans lien entre eux, sans ressouvenir et sans idée d'unité. Ce serait une réaction inepte et impossible, à laquelle, d'ailleurs, aucun révolutionnaire n'a songé ; car, ceux-là mêmes qui veulent remplacer l'État centralisé par une fédération ou des communes ou des groupes professionnels, transforment la patrie ; ils ne la suppriment pas, et Proudhon était Français furieusement. Il l'était au

point de vouloir empêcher là formation des nationalités voisines. Ou bien il faut réaliser l'unité
humaine par la subordination de toutes les patries
à une seule. Ce serait un césarisme monstrueux,
un impérialisme effroyable et oppresseur dont le
rêve même ne peut pas effleurer l'esprit moderne.
Ce n'est donc que par la libre fédération de nations
autonomes répudiant les entreprises de la force et
se soumettant à des règles de droit, que peut être
réalisée l'unité humaine. Mais alors ce n'est pas la
suppression des patries, c'en est l'ennoblissement.
Elles sont élevées à l'humanité sans rien perdre de
leur indépendance, de leur originalité, de la liberté
de leur génie.....

Qu'on ne dise point que les patries, ayant été
créées, façonnées par la force, n'ont aucun titre à
être des organes de l'humanité nouvelle fondée sur
le droit et façonnée par l'idée, qu'elles ne peuvent
être les éléments d'un ordre supérieur, les pierres
vivantes de la cité nouvelle instituée par l'esprit,
par la volonté consciente des hommes. Même si
elles n'avaient été jusqu'ici que des organismes de
force, même si on oubliait la part de volonté, de
pensée, de raison, de droit, de libre et sublime
dévouement, qui est déjà comme incorporée dans
la patrie, c'est dans les grands groupements histo-
riques que doit s'élaborer le progrès humain.
L'esprit, même s'il est le premier dans le monde, a
accepté de se produire dans la nature, selon la
nature. Sa force, sa victoire, ce n'est pas de répu-

·dier la nature, c'est de l'élever à soi, de la transfor-
mer par degrés.

. . . .

Dans la hiérarchie de la vie, comme Aristote et
Auguste Comte l'ont montré magnifiquement, le
supérieur suppose l'inférieur. Il s'y appuie, mais il
ne le supprime pas. Il le transforme. Il se l'appro-
prie. Dans l'individu humain, la sensibilité n'abolit
pas les fonctions végétatives, mais elle les règle en
quelque façon, selon les indications du besoin
obscurément ressenti et les avertissements du plaisir
et de la douleur. La raison n'abolit pas la sensibilité, mais elle la règle, elle l'ennoblit, en appliquant
à de hautes fins de science et de justice les forces
du désir et de la passion, qui enveloppent elles-
mêmes les forces inconscientes. Ainsi toute la
nature, de bas en haut, est associée à la montée de
l'esprit ; les puissances obscures s'élèvent dans la
lumière et se transfigurent sans se dissiper. De
même les nations s'élèveront dans l'humanité sans
se dissoudre. La grande force collective, la grande
passion collective des peuples organisés, au lieu de
se déchaîner en violences d'orgueil et de convoi-
tise, sera soumise à la loi supérieure de l'ordre
humain, réglée et pénétrée jusqu'en son fond par
l'idée du travail, de la justice et de la paix. Mais
elle ne perdra pas sa vertu.

. . . .

Ainsi les patries, en leur mouvement magnifique
·de la nature à l'esprit, de la force à la justice, de la

compétition à l'amitié, de la guerre à la fédération,
ont à la fois toute la force organique de l'instinct
et toute la puissance de l'idée. Et la classe proléta-
rienne est plus que toute autre classe dans la patrie,
puisqu'elle est dans le sens du mouvement ascendant de la patrie. Quand elle la maudit, quand elle
croit la maudire, elle ne maudit que les misères
qui la déshonorent, les injustices qui la divisent,
les haines qui l'affolent, les mensonges qui l'ex-
ploitent, et cette apparente malédiction n'est qu'un
appel à la patrie nouvelle, qui ne peut se développer que par l'autonomie des nations, l'essor des
démocraties et l'application à de nouveaux problèmes de toute la force des génies nationaux,
c'est-à-dire par la continuation de l'idée de patrie
jusque dans l'humanité.

. . . .

Que la double tâche de lutter, même révolution-
nairement, contre la guerre et de sauvegarder dans
la tourmente l'indépendance des nations soit aussi
difficile que grandiose, les prolétaires le savent.
La classe qui assume cette responsabilité glorieuse
et formidable s'oblige elle-même à un immense
effort d'éducation et d'organisation, d'habileté et
d'héroïsme. Elle n'a pas la naïveté de prétendre
enfermer d'avance dans une formule bien équilibrée
des événements tumultueux. Un schéma abstrait
ne suffit pas à guider les hommes dans ces crises
confuses et terribles. Mais ce qui est certain, c'est
que la volonté irréductible de l'Internationale est

qu'aucune patrie n'ait à souffrir dans son autonomie. Arracher les patries aux maquignons de la patrie, aux castes de militarisme et aux bandes de finances, permettre à toutes les nations le développement indéfini de la démocratie et de la paix, ce n'est pas seulement servir l'Internationale et le prolétariat universel, par qui l'humanité à peine ébauchée se réalisera, c'est servir la patrie elle-même. Internationale et patrie sont désormais liées. C'est dans l'Internationale que l'indépendance des nations a sa plus haute garantie ; c'est dans les nations indépendantes que l'Internationale a ses organes les plus puissants et les plus nobles. On pourrait presque dire : un peu d'internationalisme éloigne de la patrie ; beaucoup d'internationalisme y ramène. Un peu de patriotisme éloigne de l'Internationale ; beaucoup de patriotisme y ramène.

(L'Armée nouvelle (éd. de *l'Humanité)*, pp. 454, 455, 456, 458, 463-464).

XII

1899-1910.

AUTOUR DE LA CONFÉRENCE DE LA HAYE :

CRITIQUE

ET PARTICIPATION

DE LA FRANCE;

PLANS DE RÉALISATION

A L'ÉCOLE DES SCIENCES POLITIQUES

DE PARIS.

———

LÉON BOURGEOIS

———

CONGRÈS DES SCIENCES POLITIQUES

A L'ÉCOLE LIBRE DES SCIENCES POLITIQUES

à Paris, en juin 1900.

———

Discussion sur les États-Unis d'Europe

Conclusion de M. GASTON ISAMBERT sur un « Projet d'organisation politique d'une Confédération européenne ».

Extraits :

Quelle qu'ait été l'issue de la conférence de La Haye, il serait digne d'un des souverains européens de prendre l'initiative d'une nouvelle proposition, plus pratique que celle du désarmement. Si cette initiative se produisait subitement, si un congrès se réunissait au seuil du xxᵉ siècle, voici les principales difficultés que cette Assemblée constituante internationale aurait à résoudre.

Et d'abord, quelle devrait être exactement la qualification juridique de ce grand État formé par la réunion des États européens ? Serait-ce un *État fédératif*, tel que l'empire d'Allemagne actuel, les États-Unis d'Amérique, l'État suisse ?... Serait-ce une *Confédération* comme le furent autrefois le

Saint-Empire romain germanique, les cantons suisses, les Provinces-Unies des Pays-Bas?

Les différents États sont trop jaloux de leur indépendance pour que l'État européen puisse être autre qu'une confédération. L'État fédératif repose sur une base de sujétion des États particuliers à l'État fédéral. Le pouvoir central y est fortement organisé aux dépens des pouvoirs des États fédérés, et c'est lui seul qui a la souveraineté.

Au contraire, dans la Confédération, chaque État garde sa souveraineté propre. L'ensemble des États est une association qui vient se superposer aux autres États, sans porter atteinte à leur souveraineté particulière, et qui repose sur une base purement contractuelle. Nous croyons cependant, contrairement à l'opinion de certains auteurs, que cette association constitue un véritable État qui possède également sa souveraineté propre, et qui est susceptible d'être divisé en trois pouvoirs, le législatif, l'exécutif, le judiciaire.

La forme de la Confédération d'États nous semble donc la seule susceptible d'être agréée aujourd'hui par des puissances qui ne consentiraient à régler les rapports d' « interdépendance » qui existent entre elles qu'à condition de conserver leur pleine indépendance. Cette forme seule peut concilier ce que Kant appelle le droit cosmopolitique avec le droit national, particulier à chaque peuple.

De quels États devrait se composer la Confédération européenne ? Nous pensons qu'il serait rationnel de comprendre dans cette Confédération tous les États qui forment actuellement l'Europe géographique, à une seule exception près. Une *civilisation* sinon identique, du moins analogue, un *développement politique et économique*, sinon aussi avancé chez tous, du moins basé sur des principes semblables, une *origine ethnique* commune à toutes les nations, dites de race indo-européenne, une *religion* aux formes extérieures variées, mais établie sur une même tendance idéaliste et altruiste, tels sont les liens communs qui doivent permettre d'ouvrir l'accès de la Confédération aux dix-neuf États suivants : l'Angleterre, la Belgique, les Pays-Bas, le Luxembourg, la France, l'Allemagne, la Suisse, l'Autriche-Hongrie, le Danemark, la Suède-Norvège, la Russie, la Roumanie, la Serbie, la Bulgarie, le Monténégro, la Grèce, l'Italie, l'Espagne, le Portugal.

Mais la Turquie, État musulman, formé par une race asiatique d'origine mongole, ayant une civilisation différente de la nôtre, conservant une administration non seulement routinière, mais féroce, ne doit pas pouvoir participer à l'organisation européenne.

. . . .

Nous avons seulement essayé de prouver que l'idée de Confédération n'est pas une utopie, qu'elle est susceptible d'une application précise et pratique. Il ne faut pas courber la tête sous la fatalité de l'évolution humaine, il ne faut pas abandonner

13

le bonheur des nations à l'action progressive mais lente du développement économique, à l'adoucissement encore plus lent et peut-être plus chimérique du caractère de l'homme; laisser la suppression de la guerre à l'action du progrès industriel et commercial, à l'amélioration de l'âme humaine, c'est vouloir détruire le rocher par la chute de la goutte d'eau, c'est reculer pendant des siècles le dénoûement espéré. Pour déplacer le rocher, l'homme a inventé le levier. Pour supprimer les malheurs sans nombre causés par les luttes et les conflits, l'homme a la pensée, la volonté, la raison. Il n'a qu'à aborder ces graves problèmes avec la volonté de les résoudre, et il les résoudra.

LÉON BOURGEOIS

—

I. *Paroles prononcées à La Haye, en 1899, par le premier
délégué de la France à la première Conférence internationale de la Paix.*

Extraits :

Il n'y a ici ni grandes ni petites puissances ; toutes
sont égales devant l'œuvre à accomplir. Mais si
l'œuvre devait être plus utile à quelques-unes,
n'est-ce pas aux plus faibles qu'elle profiterait certainement ? Hier, au Comité d'examen, je le disais à
nos collègues opposants : toutes les fois qu'un tribunal a été institué dans le monde et qu'une décision réfléchie et impartiale a pu ainsi s'élever
au-dessus de la lutte des intérêts et des passions,
n'est-ce pas une garantie de plus qui a été donnée
aux faibles contre les abus de la force ?

Messieurs, entre les nations il en sera de même
qu'entre les hommes. Les institutions internationales comme celles-ci seront la garantie des faibles
contre les forts. Dans les conflits de la force, quand
il s'agit de mettre en ligne des soldats de chair et
d'acier, il y a des grands et des petits, des faibles
et des forts. Quand dans les deux plateaux de la
balance, il s'agit de jeter des épées, l'une peut être

plus lourde et l'autre plus légère. Mais, lorsqu'il s'agit d'y jeter des idées et des droits, l'inégalité cesse et les droits du plus petit et du plus faible pèsent dans la balance d'un poids égal aux droits des plus grands.

C'est ce sentiment qui nous a dicté notre œuvre et c'est aux faibles surtout que nous avons pensé en la poursuivant. Puissent-ils comprendre notre pensée et répondre à notre espérance en s'associant aux efforts tentés pour régler de plus en plus par le droit l'avenir de l'humanité.

(*Conférence internationale de la paix*, 1899, 4ᵉ partie, p. 76).

II. *Discours prononcé à l'Ecole des Sciences politiques, en 1908 (5 juin).*

Extraits :

...La paix est le but vers lequel les peuples s'acheminent et vers lequel, à La Haye, nous avons aussi voulu marcher, — mais on ne décrète pas la paix universelle. Et, pour nous rapprocher de la paix, nous savions bien que la route véritable n'était pas celle du désarmement, qui semble courte, mais que barrent d'infranchissables obstacles, mais bien celle du Droit, longue, aride et rude, mais qui, seule, peut conduire au but.

C'est l'organisation juridique de la vie internationale qui a été l'objet réel de tous nos travaux. Le désarmement progressif sera la conséquence d'un état de paix de plus en plus stable ; mais le seul moyen d'arriver à cet état de stabilité dans la paix, c'est l'établissement du droit et le respect assuré de ce droit entre les États.

Il y a dès maintenant dans l'ordre économique une vie internationale d'une intensité singulière.

Les intérêts industriels, agricoles, commerciaux, financiers, des divers pays se pénètrent tellement, leur réseau resserre tellement ses mailles qu'il existe en fait une communauté économique universelle. Mais cette communauté n'est point constituée suivant les règles du droit ; c'est un marché qui obéit aux seules lois de la concurrence, où la chance, l'audace, la force sont les conditions du succès. Est-il possible de s'élever de cette communauté de fait à une communauté d'un ordre supérieur, de constituer entre les nations qui la composent un ensemble de liens de droit qu'elles acceptent également et qui forment entre elles une société véritable ? Et si cet état de droit parvient à s'établir et à durer entre les États, ne sera-ce pas par là même l'établissement d'un état de paix — et de paix réelle et profonde, de paix *vraie*, puisque, nous l'avons dit bien souvent et nous ne cesserons de le redire, la paix sans droit n'est pas, ne peut jamais être vraiment la paix !

C'est à cette œuvre qu'en 1907, comme en 1899, nous n'avons pas cessé de travailler.

Dans quelle mesure y avons-nous réussi ?

N'est-ce pas déjà un événement considérable que le fait même d'une telle entreprise ?

Au lendemain des événements les plus graves, après un choc qui avait mis aux prises deux grands empires et menacé par instants la paix des deux continents, quarante-quatre États formant l'ensemble du monde ont pu délibérer, pendant plus de quatre mois, sur les problèmes les plus difficiles, les plus redoutables même, — car quelques-uns d'entre eux éveillaient de récents et cruels souvenirs, — et cela sans qu'un trouble même passager ait jamais traversé leurs délibérations.

Et les représentants de ces quarante-quatre États ont pu mener à bien le vote de nombreuses conventions, dont l'esprit est uniquement l'esprit du droit, dont les clauses ont été déterminées, non comme dans les traités habituels, par la force plus ou moins grande des contractants, par ce qu'on a appelé « les conditions de puissance relative » des uns et des autres, mais uniquement par le souci supérieur de l'Humanité et de la Justice, comme si elles étaient dues à l'inspiration de quelque jurisconsulte idéal, réglant, en dehors de toute considération d'intérêt particulier, l'ensemble des rapports nécessaires entre des États égaux en droit. Quel esprit attentif pourrait nier la nouveauté et la portée d'une telle espérance ? Et n'y a-t-il pas là comme une révolution véritable dans les relations des peuples civilisés ?

Non certes, on n'avait jamais tenté cette entreprise de créer une législation internationale qui fût à la fois contractuelle et permanente, qui pût

successivement s'étendre à tous les objets du droit
public, fixer, même pour les questions politiques
les plus graves, dans l'état de paix comme dans
l'état de guerre, les obligations réciproques des
États, quelle que fût leur puissance ou leur faiblesse,
simplement suivant les données de la science du
droit.

Pour que cela fût possible, il fallait d'abord que
cette règle supérieure fût acceptée par tous, de se
conformer aux leçons du droit. Et tous, en somme,
ont fidèlement accepté ce point de vue commun,
qui a été celui de tous nos travaux.

Il fallait ensuite que tous se fissent une idée
commune de ce droit supérieur qu'il s'agissait
d'appliquer. Il fallait qu'on comprît qu'il découlait
tout entier de ce principe que les nations sont des
personnes morales égales en droit, parce qu'elles
sont souveraines, c'est-à-dire libres; égales en obligations, parce qu'étant libres elles sont respon-
sables. Ici, les stipulations ne pouvaient plus être,
comme dans les traités politiques, consenties au
profit de tel ou tel, et contre tel ou tel autre. Tous
devaient stipuler pour tous. Toute obligation devait
être mutuelle. Il ne devait y avoir, au regard des
institutions nouvelles, ni grands ni petits États.
Il ne devait également y avoir qu'une juridiction
commune devant laquelle tous, petits et grands,
parussent en égaux.

. . . .

Le but de la Conférence de La Haye est, nous

l'avons montré, l'organisation juridique de la vie internationale, la formation d'une société de droit entre les nations.

Pour que cette société pût naître et pût vivre, il fallait réunir les conditions suivantes :

1º Le consentement universel des États à l'établissement d'un système juridique international;

2º L'acceptation par tous d'une même conception du droit commun à tous, d'un même lien entre grands et petits, tous égaux dans le consentement et dans la responsabilité;

3º L'application précise et détaillée de ces principes, successivement, à tous les domaines des relations internationales, domaine de la paix comme de la guerre, et, en même temps, la codification d'un certain nombre d'obligations réciproques, les unes encore morales et conditionnelles, les autres, sans conditions ni réserves, vraiment juridiques et dont la non-exécution constituerait une rupture de la convention, une mise hors la Société;

4º L'organisation de sanctions efficaces, morales ou matérielles, et de juridictions internationales permettant d'assurer l'exécution des lois internationales.

De ces conditions, les trois premières sont réalisées depuis 1899 entre vingt-six États, depuis 1907 entre tous les États civilisés. Une société de droit est formée et le Code international a déjà défini un grand nombre des règles juridiques qui en constituent les statuts.

Si l'organisation est encore incomplète, si les sanctions pécuniaires, par exemple, ne sont encore prévues que dans un article de la convention sur les règles de la guerre terrestre, nous avons montré qu'il ne manque pourtant point de sanctions efficaces, morales ou matérielles, pour la garantie des engagements consentis.

Enfin, si l'organisation de la juridiction internationale de l'arbitrage est encore incomplète, si cette juridiction est facultative, le principe de l'obligation de l'arbitrage a été reconnu à l'unanimité comme nécessaire, et comme applicable sans réserves à certains conflits, et trente-deux États sont prêts à l'organiser effectivement et sans délai pour les mêmes différends ; — enfin, même dans deux cas : recouvrement des dettes contractuelles — et règlement des questions de prises, sous des formes différentes, le recours à la juridiction internationale est d'ores et déjà obligatoire pour tous les États.

La Société des Nations est créée. Elle est bien vivante.

(Reproduit dans *La Société des Nations* (édit. Nelson), pp. 195-199, 205-207).

XIII

PENDANT LA GUERRE DE 1914-1918,

SE PRÉCISE,

CHEZ CERTAINS SOCIALISTES ÉPRIS DE JUSTICE

ET CHEZ CERTAINS JURISTES,

LE DESSIN

D'UNE « CONFÉDÉRATION EUROPÉENNE »,

SEULE ASSURANCE

CONTRE LE RECOMMENCEMENT DES GUERRES.

—

HAURIOU

EDGARD MILHAUD

———

MAURICE HAURIOU,

Doyen de la Faculté de Droit de Toulouse.

—

Vers une Confédération des Puissances de l'Entente

(Articles publiés, en 1916, dans *le Figaro*)

Les historiens qui, plus tard, étudieront la guerre actuelle, ne pourront se dispenser de manifester leur étonnement d'un certain nombre d'anomalies. Ils se demanderont, par exemple, comment il a pu se faire que, les projets et les préparatifs de l'Allemagne étant si bien connus d'avance, des alliances plus nombreuses et plus étroites n'aient pas été nouées entre les États menacés par elle dès avant la guerre afin de la conjurer. Mais ce qui les surprendra le plus sera certainement que dix-huit mois de guerre aient pu s'écouler, sans que les États coalisés pour la défense de la liberté du monde aient paru songer à substituer à leur entente passagère une alliance permanente et une véritable confédération.

Avec le recul de l'histoire, on verra clairement la force qu'une pareille transformation eût donnée à l'Entente et les résultats qu'elle eût valus, soit pour la conduite de la guerre, soit pour la conclusion de la paix, et combien elle eût répondu aux réalités de la situation mondiale.

Essayons, par un effort d'abstraction, de nous placer dès maintenant dans le recul de l'histoire, et de dégager les avantages que nous apporterait une confédération. Le chemin parcouru depuis un an doit nous faciliter cet effort.

. . . .

Une pareille confédération est-elle possible ? Tout est possible quand on en comprend la nécessité. Il s'agit, d'ailleurs, bien moins de partager des dépouilles que d'organiser la police du monde. Le tout est donc de faire pénétrer cette idée dans les esprits, et c'est à quoi devrait s'employer la presse des divers pays.

Au demeurant, je crois les gouvernements préparés à tout comprendre et les peuples à tout accepter. Je redouterais plutôt l'incompréhension de certains cercles doctrinaires. Il y a des gens, imbus de la vieille doctrine de la société unique des nations, qui se préoccupent de sauvegarder, après cette guerre inexpiable, la reprise des relations avec l'Allemagne sur le pied de la confiance réciproque. Ce sont ceux qui, par exemple, se sont effrayés à l'idée que la Belgique aurait pu adhérer au pacte de Londres et sortir ainsi de sa neutralité. Qu'en penserait l'Allemagne ?

.Voilà bien le genre de candeur internationale dont nous guérirait la confédération des États de l'Entente. Que signifie la neutralité de la Belgique pour l'Allemagne, puisqu'elle l'a déjà violée, et qu'avons-nous besoin qu'elle la garantisse ? La situation de la Belgique, à l'avenir, ne peut plus être garantie que par les États de l'Entente qui, seuls, ont le respect des traités.]

La face du monde est changée, la sauvagerie de l'Allemagne a déchiré la tunique sans couture du droit international ; pendant longtemps, il n'y aura plus une société des nations, il y en aura deux : celle des nations qui ont de l'honneur et des principes de morale internationale, celle des nations qui pratiquent toutes les infamies et qui disent tranquillement : « C'est la guerre ».

Entre ces deux sociétés de nations il n'y aura, pendant longtemps, que des relations appuyées sur la force. Quant au droit international classique, fondé sur la confiance mutuelle, sur la moralité et sur l'honneur des États, pour ne pas le laisser s'abaisser et s'avilir dans des compromissions, il s'imposera de rétrécir son champ d'application à la société des nations honnêtes et de soumettre les autres à une sorte de régime de capitulations, comme des Turcs. Ceux qui se sont mis hors de la morale des nations doivent être mis hors de la société des nations.

Oui, voilà de quoi il retourne, ni plus ni moins, et voilà ce que mettrait en lumière le fait d'une

Confédération. Ces messieurs n'imaginent tout de même pas que nous allons dire à ces criminels de droit commun que sont les Allemands dès que le cours de leurs assassinats sera suspendu : « Maintenant tout est oublié, embrassons-nous, camarades ! »

Une Confédération, mais ce sera le seul moyen, après nous être montrés si courageux dans la guerre, de ne pas nous montrer lâches dans la paix.

Il s'agit maintenant de voir si une Confédération des puissances de l'Entente est chose faisable.

Je ne me fais aucune illusion sur la difficulté d'allier une demi-douzaine de peuples de tempéraments différents dont tous les intérêts ne convergent pas. Je sais les obstacles que constituent le quant à soi des uns, l'égoïsme sacré des autres, les ambitions légitimes et l'esprit d'indépendance de tous. Je connais la multiplicité des problèmes et le caractère brutal de quelques-uns, par exemple de celui des charbons. Je sais les inconvénients d'une confédération où personne ne commande, où toute décision doit être précédée de laborieuses négociations, mais je sais aussi que la Confédération se fera parce qu'elle est nécessaire, et que le plus tôt sera le mieux.

La route qui nous y mène, fût-elle aussi longue

que celle de Tipperary, elle nous y mènera; M. Steed
nous a dit tout le chemin qu'ont fait déjà nos amis
les Anglais, et ce sont eux qui reviennent des sen-
tiers les plus solitaires. L'Allemagne nous forcera à
marcher. Utilisant jusqu'au bout les ressources de
son unité, elle nous contraindra d'aller jusqu'au
bout de la nôtre. Elle ne lutte plus que pour éviter
la défaite et les frais à payer; mais nous, il faut
que nous la condamnions aux dépens de l'effroyable
procès qu'elle a engagé. Or, voici notre ressource
suprême, celle qui fera pencher la balance. A
mesure que le bloc austro-allemand usera les énergies de son unification qui est déjà faite, nous, nous
ferons la nôtre et nous disposerons des énergies
toutes neuves qu'elle produira. A mesure que le
ressort adverse se détendra, le nôtre se bandera.

Des canons, des munitions, des hommes, de l'or !
mais aussi une Confédération, un cercle de fer, une
geôle ! Et non pas pour un jour, pour des années !
Que l'on sente dans la conjuration des peuples
l'arrêt inflexible du Destin !

. . . .

C'est ainsi que s'inaugurera l'organisation internationale du monde. Elle était imminente ; on
sentait qu'à raison des grosses masses ethniques
qui se dessinent sur la planète, beaucoup des États
européens n'étaient plus assez vastes, ni assez forts

pour soutenir la concurrence et qu'il leur faudrait
se grouper. L'Allemagne aura frappé le coup qui
devait déterminer la cristallisation du mélange
confus des nations. L'organisation ne se fera pas
comme elle l'espérait. Ce ne sera pas sous son
hégémonie, mais plutôt contre elle ; ce ne sera pas
pour la gloire de sa kultur, mais pour celle de la
Liberté ; le groupement dont elle fera partie sera
sans doute le plus faible. Il lui restera l'ironique
satisfaction d'avoir provoqué le cataclysme.

Quelles seraient, pour chacune des puissances de
l'Entente, les chances d'avenir que réserverait une
Confédération ? C'est une question délicate qu'on
ne peut se dispenser d'aborder. Si l'on entrait dans
la voie des réalisations, les partis politiques se pla-
ceraient tout de suite à ce point de vue, et, d'ailleurs, en étudiant le problème sous cet aspect, on
doit trouver de nouvelles raisons de décider.

Je ne l'examinerai cependant que par rapport
aux démocraties libérales de l'Occident, et encore,
uniquement, en tant qu'il intéresse la question de
leur sûreté, pour le développement de leur liberté.

C'est un lieu commun de la science politique que
les démocraties libérales en temps de paix se désin-
téressent de la politique extérieure pour ne s'atta-
cher qu'aux luttes de la politique intérieure et à la
poursuite des réformes sociales ; elles préfèrent

nier le danger international plutôt que d'avoir à l'envisager. Les événements de 1914 ne sont pas pour infirmer ce jugement. M. Morton-Fullerton, dans son livre prophétique, *Problems of Power*, publié à la veille de la guerre, constatait que les démocraties anglaise et française avaient depuis des années négligé le péril allemand, et par conséquent leur sûreté, pour s'hypnotiser sur la politique intérieure, et qu'il avait fallu le coup d'Agadir pour les sortir de leur torpeur.

Malheureusement, rien ne dit que cette leçon ne sera pas perdue, parce qu'il y en a eu dans le passé bien d'autres qui n'ont pas servi. Il se pourrait qu'en 1934 nous eussions oublié 1914, comme dès 1890 nous avions oublié 1870 ; il se pourrait que les illusions pacifistes se fussent reformées, que l'antimilitarisme eût relevé la tête ; il se pourrait même, les divisions politiques aidant, qu'il se fût constitué un parti de l'alliance avec l'Allemagne. Oui, ce spectacle déconcertant pourrait être donné au monde, qu'une génération entière s'étant sacrifiée pour sauver un idéal de civilisation, son sacrifice fût rendu inutile par la défaillance de la génération suivante qui pactiserait avec le germanisme !

C'est que les démocraties libérales sont encore invertébrées, c'est qu'elles ne possèdent pas encore dans l'organisation interne de leur souveraineté le dispositif qui leur assurerait la suite dans les idées ; leur corps électoral souverain n'est qu'une foule inorganisée où les générations se succèdent, avides de nouveautés, dédaigneuses de la tradition. En attendant qu'elles aient fait leur éducation et enfanté l'organisation adéquate à leurs besoins, il n'y a qu'un moyen de conjurer le danger qui menace les démocraties libérales, du fait de leur incapacité en matière de politique étrangère, c'est de les confédérer.

· ..... Ces vues réalistes sont pour l'Angleterre ou pour l'Italie aussi bien que pour la France; la forme monarchique du gouvernement n'y fait rien ; du moment qu'il s'agit de démocraties libérales et parlementaires, il y a même infirmité internationale et nécessité du même remède.

Seules, les démocraties autoritaires peuvent subsister par elles-mêmes, du moins pendant un temps, parce qu'elles ont un gouvernement fort, capable de suivre des desseins, mais elles semblent périodiquement acculées à la guerre ; nous en avons jadis fait l'expérience chez nous, et la démocratie impérialiste allemande en fournit au monde épouvanté un exemple terrible. Je ne pense pas que ni l'Angleterre, ni la France aient envie de recommencer l'expérience de l'impérialisme autoritaire. Je suppose que, tout en cherchant des garanties pour leur sûreté internationale dans l'avenir, elles entendent conserver leurs institutions libérales et leur amour de la paix ; alors elles doivent se confédérer.

Ou la liberté, la paix et la sûreté par la Confédération, ou la force et les aventures par un impérialisme autoritaire ; il n'y a point de milieu pour les démocraties, jusqu'à ce qu'elles aient réalisé l'éducation et l'organisation de leur suffrage universel.

(*Figaro*, 4 mars, 2 février, 2.º mai 1916.)

EDGARD MILHAUD,

Professeur (français) à l'Université de Genève.

———

« *La Société des Nations* » (Grasset 1917) :

Extraits :

Du Chap. X, *Les Sanctions internationales* (article du 17 octobre 1916) :

…M. Alfred Capus écrit dans *le Figaro :*

Que signifient, en réalité, ces termes de « sanctions internationales » ?… Quelque chose d'analogue à ce qu'on voit aujourd'hui, c'est-à-dire une alliance entre nations policées contre une nation sans foi et sans honneur. Les sanctions internationales n'affecteront jamais une forme sensiblement différente de celle-là, tant qu'il y aura des peuples, des races et des intérêts divers.

…Si M. Alfred Capus voulait seulement dire que cette guerre peut nous fournir une image de ce que seront les sanctions internationales organisées de l'avenir, nous abonderions dans son sens. Mais, entre l'une et les autres, il y a deux différences essentielles, et dont la portée ne saurait être exagérée.

D'abord, un régime de sanctions organisées signifie la connaissance préalable et certaine, pour quiconque aurait la pensée de violer la loi, de l'ensemble des mesures répressives qui, en cas de violation, s'abattront sur lui.

En second lieu, un régime de sanctions internationales signifie l'action générale, l'action collective, l'action universelle, contre l'État ou les États violateurs, de l'ensemble des autres.

Ainsi, dans un régime de sanctions internationales organisées, l'État qui serait tenté d'accomplir un forfait international, et tous les citoyens de cet État sauraient que, par leur attentat, ils dresseraient contre eux l'univers. Ils sauraient, par exemple, qu'au premier jour un ordre d'appel international mettrait en mouvement contre eux des effectifs écrasants de toutes les armées du monde, que contre eux l'universalité des flottes seraient mobilisées, qu'entre eux et le reste du monde toutes les communications terrestres et toutes les communications maritimes seraient coupées ; qu'ils ne recevraient plus du dehors ni produits, ni correspondances, ni communications téléphoniques, télégraphiques ou radiotélégraphiques et qu'ils ne pourraient plus, jusqu'à la capitulation, faire parvenir au dehors aucune communication ; que toutes leurs créances sur l'étranger seraient éteintes ; que leurs nationaux résidant à l'étranger seraient internés dans des camps de concentration, leurs créances annulées, leurs biens confisqués ; que la totalité des frais de la mobilisation universelle provoquée par leur crime et la totalité des indemnités dues à des particuliers du fait des opérations militaires ou du boycottage économique pèseraient exclusivement sur eux ; qu'au surplus, après la capitulation, pendant un certain nombre d'années, les relations économiques entre eux et les autres pays seraient suspendues et que pendant une autre période — cinq ans, dix ans peut-être — tous leurs produits exportés à l'étranger seraient grevés d'une surtaxe de 50 0/0 ou de 100 0/0 des droits de douane établis.

L'action de sanctions internationales d'une aussi formidable gravité n'est pas essentiellement une action de répression : c'est avant tout une action préventive. Un État qui saurait qu'en refusant de porter sa cause devant la Cour internationale ou en refusant de s'incliner devant la sentence, il appellerait sur lui ces calamités, refrènerait certainement ses velléités belliqueuses les plus fortes.

(p. 102-105).

Du chap. XXIV, *Le Loyalisme international* (art. du 14 mai 1917) :

Mais... l'édifice de la Société des Nations ne repose-t-il pas tout entier sur une base chancelante ? Son fondement ultime, c'est un acte de foi dans la fidélité de la grande majorité des nations à la parole qu'elles auront donnée. Cet acte de foi, après les coups de félonie de l'Allemagne, est-il justifié ?

Grave problème... Oui..., un grand effort devra être fait pour renforcer chez tous les peuples, et

chez tous les chefs des peuples, le loyalisme international. J'appelle l'attention sur un premier moyen
qui, conçu dans le haut esprit qui convient, et non
pas comme un acte de formalisme banal, aurait
une puissance morale certaine : je songe à la pres-
tation de serment de tous les chefs d'État, de tous
les membres de tous les gouvernements à la constitution internationale... Nous pourrions imaginer
que fût conçue dans les termes qui suivent la déclaration que tous les hommes appelés au gouvernement des nations devraient faire devant leur pays
et devant la Société des Nations tout entière :

« Je promets et je jure devant ma conscience de
servir avec fidélité et justice, en même temps que
la nation qui m'a appelé à défendre ses intérêts,
ses droits et son honneur, la société que les nations
ont formée entre elles. Je jure d'observer sainte-
ment, dans leur esprit et dans leur lettre, toutes les
clauses de la constitution internationale et de m'inspirer dans tous mes actes et ordres des principes
proclamés dans la déclaration des droits et des
devoirs des nations. Je jure que, si un État quelconque, violant la constitution internationale et
foulant aux pieds le principe suprême que *la guerre
est un crime*, recourait à la force pour trancher un
conflit, je considèrerais comme un devoir sacré
d'engager toutes les forces de la nation que je
représente, de concert avec celles de toutes les
autres nations respectueuses de la foi jurée, dans
la lutte sans merci contre l'État félon et criminel.

Je jure que si le gouvernement auquel j'appartiens tentait de commettre ce crime, je ferais appel contre lui à la nation et à l'humanité. »

L'enseignement public fournirait d'autres moyens de développer le loyalisme international. Les enfants, dans tous les pays du monde, apprendraient qu'ils ont des devoirs, en même temps qu'envers leurs pays, envers la Société des Nations, et que ces devoirs sont convergents et solidaires. Dans toutes les écoles, ils verraient affichée, en place d'honneur, la charte de la Société des Nations; les maîtres seraient tenus de commenter devant eux la déclaration des droits et des devoirs des nations et le texte du serment à la constitution internationale. Et des commissions internationales s'assureraient de l'exécution stricte et universelle de ces obligations.

(pp. 255-258.)

XIV

EN TOUT TEMPS,

LES FRANÇAIS QUI RÉFLÉCHISSENT

ONT APERÇU

LES CONDITIONS MORALES PROFONDES

DE L'ÉTABLISSEMENT

D'UNE SOCIÉTÉ JUSTE ENTRE LES NATIONS,

POUR QUOI

ELLE EST DIFFICILE AUTANT QUE NÉCESSAIRE.

—

NICOLE (XVIIᵉ S.); —

RENOUVIER (XIXᵉ S.); —

ALBERT THIERRY (XXᵉ S.).

PIERRE NICOLE

(1625-1695)

—

Essais de morale. IV Traité :*

Des moyens de conserver la Paix avec les hommes.

En épigraphe : *Recherchez la paix de la ville en laquelle
je vous ai transférés, et priez le Seigneur pour elle,
parce que votre paix se trouve dans la sienne. (Jérém. 29,
v. 7).*

Iᵉ partie, ch. Iᵉʳ.

Extrait :

Toutes les sociétés dont nous faisons partie ;
toutes les choses avec lesquelles nous avons quelque liaison et quelque commerce, sur lesquelles
nous agissons, et qui agissent sur nous, et dont le
different état est capable d'alterer la disposition
de notre ame, sont les villes où nous passons le
tems de notre pélerinage, parce que notre ame s'y
occupe et s'y repose.

Ainsi le monde entier est notre ville, parce qu'en
qualité d'habitans du monde nous avons liaison avec
tous les hommes, et que nous en recevons même
tantôt de l'utilité et tantôt du dommage. Les Hollandois ont commerce avec ceux du Japon. Nous en

avons avec les Hollandois. Nous en avons donc avec ces peuples qui sont aux extrémités du monde; parce que les avantages que les Hollandois en tirent leur donnent le moyen, ou de nous servir, ou de nous nuire. On en peut dire autant de tous les autres peuples. Ils tiennent tous à nous par quelque endroit, et ils entrent tous dans la chaîne qui lie tous les hommes entre eux par les besoins réciproques qu'ils ont les uns des autres.

Mais nous sommes encore plus particulierement citoyens du Royaume où nous sommes nés, et où nous vivons; de la ville où nous habitons, de la société dont nous faisons partie; et enfin, nous nous pouvons dire en quelque sorte citoyens de nous-mêmes et de notre propre cœur. Car nos diverses passions et nos diverses pensées tiennent lieu d'un peuple, avec qui nous avons à vivre : et souvent il est plus facile de vivre avec tout le monde extérieur, qu'avec ce peuple interieur que nous portons en nous-mêmes...

On se procure la paix à soi-même en réglant ses pensées et ses passions. Et par cette paix interieure, on contribue beaucoup à la paix de la société dans laquelle on vit : parce qu'il n'y a gueres que les passions qui la troublent...

(Éd. de Guill. Desprez, 1733, t. I, p. 192-195).

CHARLES RENOUVIER
(1815-1903)

—

Science de la morale, 1ʳᵉ éd. 1869. Livre IV, 5ᵉ section.
Chap. XCVI : *Le Droit international*, etc.

Fragment :

... On voit assez que l'esprit de guerre est l'ordonnateur de ce qui existe, le moteur de ce qui se prépare ; et cela est si vrai que les hommes qui poursuivent le plus ardemment l'idéal de la paix, forcés
de l'envisager en dehors des gouvernements établis,
et des États actuels inséparables de ces gouvernements, et même des institutions sociales comme
elles sont, voudraient commencer par détruire ces
choses et leur déclarent la guerre à toutes : illusion
vraiment puérile, car on voit alors la guerre dans
ses résultats, qu'on veut abolir, non dans ses sources
profondes où il faudrait l'atteindre, et l'instrument
qu'on emploie est encore la guerre : *la dernière*,
croit-on ; — et pourquoi la dernière, quand on
soulève toutes les passions et tous les intérêts à la
fois, quand on les appelle volontairement aux
armes, quand on n'a d'autre magie à ses ordres,
pour faire sortir la paix du désordre universel, que
des systèmes, c'est-à-dire, quant à la pratique, des
mots ? Ayez donc vous-mêmes d'abord des senti-

ments pacifiques, montrez que vous en êtes péné-
trés entre vous, ce que vous ne faites guère ; atten-
dez-en de semblables des autres ensuite ; mais
quelle paix espérez-vous donc de ces menaces et
de ces jactances, de ces passions enflammées qui
vous poussent comme des ennemis de tous à travers
le monde?

Des esprits d'une autre humeur semblent croire
que le progrès naturel des rapports internationaux
et du droit des gens, le lien croissant des intérêts,
la raison des gouvernements, plus éclairés qu'ils
ne furent dans le passé et exempts des passions
aveugles de leurs sujets, sont des bases suffisantes
d'un commencement de fédération européenne.
Quelques États du moins, ou quelques hommes, car
tout revient à cela, seraient des initiateurs possibles. Ainsi l'autonomie des peuples ne paraîtrait
pas être une condition nécessaire de l'établissement
d'un système de relations pacifiques. Au contraire,
on éviterait, en renonçant à cette condition, les
causes de troubles et de guerres, premièrement
civiles, ensuite étrangères, qui s'attachent toujours
aux luttes pour la liberté...

Un tribunal international s'instituerait, sans demander aucun sacrifice à des nations qui auraient
cessé de craindre et de vouloir se faire craindre et
renoncé au faux point d'honneur qui n'est dans les
cœurs qu'une forme de la guerre. Enfin, comme il
n'existe pas des cas litigieux seulement, mais encore
des affaires communes aussi bien que des intérêts

communs aux différents États, la voie serait ouverte à une *fédération* proprement dite.

Ces vues optimistes sont toutes superficielles ; elles font dépendre la paix générale de la volonté de quelques personnes, et supposent cette volonté persévérante à travers les changements intérieurs des États. Mais les gouvernants ne sont pas en général capables des vertus dont les gouvernés n'ont point en eux profondément les éléments. Ceux-là, outre qu'ils participent aux plus injustes passions des nations qu'ils conduisent, sont dominés par d'autres qui leur sont particulières, ont un orgueil et des ambitions propres, et se dirigent par la raison d'État, qui est le contraire de la morale et du droit, par conséquent de la paix. Ils changent souvent et arbitrairement de politique, se succèdent sans se continuer, et n'ont essentiellement rien de commun entre eux que les traditions, préjugés et habitudes militaires, et l'intérêt de rester bien armés vis-à-vis de leurs sujets, ce à quoi la guerre étrangère toujours en vue sert de prétexte. Il n'est pas possible que la paix générale se réalise sans impliquer le sentiment général de la paix. Or ce sentiment suppose à son tour la justice, et la justice ne peut exister sans modeler sur le droit l'intérieur des États, comme les relations internationales.

Les idées de paix, de justice et de travail, qui sont les idées sociales par excellence, ont à faire la conquête du monde. Le progrès de ces idées et des sentiments, des passions nobles qui s'y lient, a

nécessairement tout à la fois pour fins l'autonomie
de la personne et l'autonomie des États et le respect
mutuel des autonomies des personnes et des États.
Il n'y a là qu'une question, qu'un principe et qu'un
but. Et cette conquête doit elle-même être définitivement pacifique pour mener à la paix.

Non que la violence ne puisse en rien aider, dans
la marche historique des peuples, à l'obtention des
fins intermédiaires qui sont des conditions de la
grande fin ; il faut reconnaître l'efficacité de quelques révolutions (en quels cas rares pourtant et
avec combien de réserves, on l'a vu); mais aider
en cette sorte, c'est en somme ne point réussir ou,
quant au dernier but, être sûr de ne point l'atteindre.
L'emploi prolongé de moyens moins impurs doit
effacer les traces et jusqu'au souvenir du hideux
mélange. Qu'une imparfaite justice prenne des che-
mins dangereux pour en éviter d'autres, et que la
conscience s'y souille, ainsi qu'il arrive toujours, la
justice parfaite ne saurait mettre la paix dans la
dépendance de la guerre...

L'idéal est une fédération d'États libres, homo-
gènes, autonomes, limités et multipliés par leurs
décisions propres et par leurs conventions, autant
que par des affinités naturelles et par la facilité de
se connaître et administrer eux-mêmes : intérieurement justes, en tant qu'expression de la raison et
des volontés concordantes de leurs membres, exté-
rieurement disposés à observer leurs devoirs réciproques avec scrupule, comme pourraient le faire

les meilleurs citoyens d'une même société. Puisqu'ils sont libres et librement institués et perpétués, et qu'ils respectent au dedans le droit des personnes et des libres associations de personnes, ils ne font au dehors que respecter des personnes et des associations semblables. Le principe est partout le même : loi morale, liberté ; les conséquences ne peuvent différer. Comme ils ont ensuite des fins communes à poursuivre, des affaires communes à régler, la fédération des États a pour objet d'y pourvoir, et la sphère des droits des fédérés demeure la plus étendue possible, ainsi que celle des droits des personnes dans chaque État, qui a aussi ses fins communes et ses affaires communes. La raison et la volonté plus que l'habitude posent les fondements du contrat social devenu de plus en plus explicite et formel. Ce contrat a plusieurs degrés. La notion de la fédération se fond dans celle de l'État, celle de l'État dans celle de l'association libre. Chaque personne travaille à faire son devoir : ainsi seulement le droit règne, ainsi la vertu est la pierre angulaire de la société ; chaque personne est, de son point de vue propre, cette pierre qui ébranle tout quand elle tombe. Telle est la condition de la paix perpétuelle universelle, qu'on ne saurait attendre de la liaison empirique d'États fondés par la coutume ou la force et conduits par des passions sans règle...

(Réimpression de 1908 (Alcan), t. II, p. 317-324).

ALBERT THIERRY,

Combattant de 1914

Tué le 26 mai 1915 à Aix-Noulette, à 33 ans et 9 mois.

Des conditions de la paix ; essai de morale révolution-naire (posthume) publié en 1916 à l'Union pour la vérité, partiellement, et complètement en 1918, chez Ollendorff.

Notes préliminaires adressées à un ami.

As-tu mesuré les difficultés de la paix ? De cette paix, et d'une paix future. De la paix en Europe, de la paix chez nous. Je suis sûr que non. Pardonne-moi, j'y ai trop songé. Que faire en sa tranchée, à moins que l'on n'y songe ?...

J'en écrirai quelque chose si je reviens ; mais ce sera pour l'acquit de ma conscience et sans espé-rance...

Note ajoutée à la fin du manuscrit, sur la Paix européenne :

Ces cent et quelques propositions ont été réflé-chies : je n'y pense pas seulement depuis ces quatre mois de guerre où j'ai, moi aussi, travaillé. Mûre-ment réfléchies, je ne pourrais le dire : le prolon-gement des institutions humaines étant immesu-rable... Je ne les ai pas rédigées, moi humble soldat, pour que mon général les réalise. Je les ai inscrites ici pour me calmer l'esprit. La guerre actuelle dans l'énormité de sa confusion me défaisait l'intelligence. J'ai numéroté du mieux que j'ai pu les brouillards de cette confusion, et maintenant il me semble que j'y vois clair.

Du Traité n° 2 : *Conditions de la Paix européenne.*

Fragments :

Les puissances victorieuses et les puissances vaincues, désirant que deux millions d'hommes braves ne soient pas morts en vain, mais au contraire que la civilisation terrestre profite de leur bravoure, prennent d'un commun accord les résolutions suivantes...

Les puissances victorieuses et les puissances vaincues reconnaissent chacune, en conservant le droit de la perfectionner suivant leurs aptitudes, mais sans quitter sa tradition, la Déclaration des droits de l'homme et du citoyen. Elle stipule la liberté individuelle, la liberté de conscience, la liberté du culte, la liberté de la presse, la liberté d'association, l'égalité devant l'impôt et devant la loi, l'égale accession de tous les citoyens à l'éducation, à l'armée et à tous les emplois publics.

Les puissances victorieuses s'appuient pour la réorganisation de l'Europe d'abord sur le Principe des Nationalités : selon lequel un peuple indépendant ou un fragment asservi de peuple a le droit absolu de disposer de soi-même, de sa constitution et de ses alliances...

L'éducation pacifique et juridique des peuples paraît commencée dès lors qu'ils adoptent la langue française, qu'ils respectent la Déclaration des droits de l'homme, et qu'ils servent dans l'armée sociale.

Restent ces conflits qui naissent de la vie même et de ses rapports commerciaux ou moraux de chaque jour entre un peuple opprimé et son oppresseur ; les *Comités de nationalisation* et de *colonisation* de la nouvelle Europe s'efforceront de les apaiser.

Restent ces conflits qui naissent pour la protection des enfants, des fidèles, des ancêtres et des morts entre deux langues, deux religions, deux histoires vivantes toujours dans les hommes vivants : *l'Institut du droit européen*, anciennement tribunal de La Haye, se chargera de rappeler dans cette nouvelle Europe les peuples au respect du droit des peuples.

Restent enfin ces conflits, les plus fréquents de tous et les moins avoués par l'honneur historique, qui s'élèvent entre les peuples jeunes dans le fort de leur croissance et les peuples caducs au commencement de leur extinction, et par exemple entre les cités grecques et la république romaine, entre l'Espagne surchargée de richesses et l'Angleterre d'Élisabeth, ou, dans la *mythologie* germanique, entre la France artiste, mais dépeuplée, et

la puissante Allemagne regorgeante d'hommes ;
— mais justement la présente alliance et le présent
traité se sont conclus pour mettre fin à cette
anthropophagie.

Un *Conseil d'Europe*, réunissant annuellement les
différents comités internationaux, que ce soit à
l'anniversaire de la prise de la Bastille ou à celui
de la victoire de la Marne, peut donner l'idée de ce
que sera plus tard l'organe exécutif de la Confédération européenne...

(Écrit le 28 et le 29 novembre 1914).

Du Traité n° 3 : *Conditions de la Paix française.*

Fragments :

Les Français de l'an XIV et de l'an XV savent
désormais tous quelle mission a été confiée à leur
pays : et comment une fois de plus, après les Croi-
sades et après la Révolution, il s'est levé et a saigné
pour assurer la liberté du monde.

La France n'a jamais été pour les Français
d'aucun temps seulement une terre, seulement un
sol (encore que cette terre soit la plus belle sous le
ciel pour ceux qui ont appris à l'aimer dans les
yeux de leur mère) — jamais seulement un sol,
encore qu'il ait toujours été fait et refait par la
substance même des morts.

La France a toujours été pour les Français de
tous les temps une Ouvrière : — ouvrière de Foi,
de Raison ou de Justice ; ce n'est pas à l'heure où

elle vient de délivrer l'univers de la plus hideuse tyrannie qui l'ait jamais menacé que les Français d'aucune foi refuseront de reconnaître cette mission à leur patrie.

Que d'ailleurs ils imaginent qu'elle ait accompli les *Gestes de Dieu* ou les *Gestes de Prométhée*.

Fille aînée de l'Église, la France a civilisé le Moyen Age en le christianisant : après les apôtres, les chevaliers conquérants et les croisés libérateurs ont fait de l'Europe barbare une colonie chrétienne.

Fille aînée de la Raison, la France révolutionnaire a civilisé, par la pensée de ses philosophes et par la générosité armée de ses soldats, l'Europe du XVIII° et du XIX° siècles : la Déclaration des Droits de l'homme, le principe des nationalités, la Déclaration des Droits des Peuples, la confédération des États-Unis d'Europe prouvent la fécondité de cette philosophie et de ces armes.

(Écrit en décembre 1914; revu le 20 et le 21 mai 1915).

La condition primordiale de la Paix entre les nations, pour Albert Thierry, est une condition morale, une conversion de la volonté, chez les individus et dans les groupes. C'est la mortification de l'égoïsme. Il l'appelle : « le Refus de parvenir ».

Du Traité n° 5 : *Conditions de la Paix intérieure.*

Fragments :

Refuser de parvenir ce n'est ni refuser d'agir, ni

refuser de vivre : c'est refuser de vivre et d'agir pour soi et aux fins de soi.

Que le peuple *refuse de parvenir*, que la bourgeoisie renonce à son *parvenir* : la paix française est établie à jamais.

Il y a un *parvenir* des nations. Que la plus peuplée renonce à imposer son hégémonie politique ou religieuse à des nations également civilisées, et la paix européenne ne sera plus troublée.

Dès lors un élargissement de paix se produit du métier à la classe, de la classe à la nation, de la nation aux diverses confédérations nationales et à la confédération terrestre ; l'ambition individuelle et les ambitions nationales se taisant, leur conflit cessera et le travail terrestre s'accomplira pour la première fois depuis le commencement de l'histoire dans la paix.

Car il y aura toujours un travail terrestre ; car il y aura toujours un travail de l'esprit.

(Écrit du 10 au 17 mars 1915).

En conclusion de ses réflexions, Thierry avait écrit à un ami, le 21 février 1915 :

J'ai mesuré les difficultés vraiment énormes de l'œuvre de paix... une à une (encore en ai-je oublié beaucoup) et je doute que l'homme moderne les surmonte.

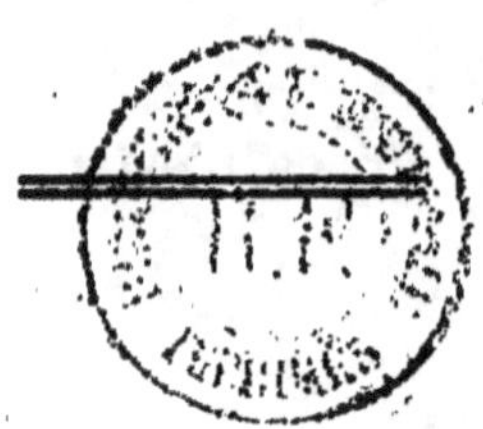

TABLE

—

IMPRIMERIE NOUVELLE L'AVENIR

:: :: :: :: Association Ouvrière :: :: :: ::

4, Rue du Pont-Cizeau & 1-3, Rue du Rivage

NEVERS :: :: :: :: :: :: Téléphone 3-31